广义绿色供应链共生模式研究
——以林—浆—纸为例

Research on the Symbiosis Model of Generalized Green Supply Chain
——Taking forestry—pulp—paper as an example

竺杏月 著

东南大学出版社
SOUTHEAST UNIVERSITY PRESS
·南京·

内容简介

本书提出了"广义绿色供应链"概念和思想,并将其应用于林—浆—纸绿色供应链中进行研究,在剖析林—浆—纸广义绿色供应链共生系统的共生要素、共生环境的基础上,构建了林—浆—纸广义绿色供应链的多层原料来源系统结构。从共生媒介的畅通机制和共生利益的分配机制这两个核心维度构建了四种基本共生模式,利用模糊综合评价法对这四种基本共生模式的效益进行评价,从而筛选并详细设计了林—浆—纸广义绿色供应链的最优共生模式,并就其 Multi-Agent 运行机制进行了研究。

图书在版编目(CIP)数据

广义绿色供应链共生模式研究:以林—浆—纸为例/竺杏月著. — 南京:东南大学出版社,2023.11
ISBN 978-7-5766-1007-9

Ⅰ.①广… Ⅱ.①竺… Ⅲ.①造纸工业—物资供应—供应链管理—研究—中国 Ⅳ.①F426.83

中国国家版本馆 CIP 数据核字(2023)第 231490 号

责任编辑:戴坚敏　　责任校对:张万莹　　封面设计:顾晓阳　　责任印制:周荣虎

广义绿色供应链共生模式研究——以林—浆—纸为例
Guangyi Lüse Gongyinglian Gongsheng Moshi Yanjiu——Yi Lin—Jiang—Zhi Weili

著　　者	竺杏月
出版发行	东南大学出版社
社　　址	南京市四牌楼 2 号(邮编:210096　电话:025-83793330)
出 版 人	白云飞
经　　销	全国各地新华书店
印　　刷	广东虎彩云印刷有限公司
开　　本	700 mm×1000 mm　1/16
印　　张	12.75
字　　数	272 千字
版　　次	2023 年 11 月第 1 版
印　　次	2023 年 11 月第 1 次印刷
书　　号	ISBN 978-7-5766-1007-9
定　　价	68.00 元

本社图书若有印装质量问题,请直接与营销部联系,电话:025-83791830。

前言 PREFACE

  制浆造纸业是国民经济和社会发展的重要基础产业,是最大化利用森林资源附加值最高的产业之一,具有可持续发展的特点。我国制浆造纸产业木材纤维比重偏低,制约了我国的高质量纸产品的生产能力。随着我国经济发展进入新常态,纸张消费层次和水平都在提升,高质量纸产品的供求矛盾愈加凸显。在具体实施中,制浆造纸企业和木材纤维供应企业并未形成有机的结构和良性互动机制,林、浆、纸"结"而不"合","一体"而不"共生"。在"创新、协调、绿色、开放、共享"的发展理念的指导下,在新常态经济发展和供给侧改革的背景下,从供应链角度重新审视林、浆、纸的发展方式和结构,实现制浆造纸的绿色化具有重要的理论和现实意义。

  本书将绿色共生理论引入林—浆—纸供应链中,提出了林—浆—纸广义绿色供应链内涵,并与一般绿色供应链进行比较以突出其优势与特性,继而拓展延伸并丰富了已有林—浆—纸绿色供应链的内涵。林—浆—纸绿色供应链的已有原料来源比较单一,本书利用系统分析方法对林—浆—纸广义绿色供应链共生系统的共生要素、共生环境进行剖析后,构建了林—浆—纸广义绿色供应链原料来源的紧密、协作、松散等多层级结构,较已有林—浆—纸绿色供应链的原料来源的单一性特征更能体现多元化特征,并从不同维度提出林—浆—纸广义绿色供应链共生系统的共生模式。在林—浆—纸广义绿色供应链共生系统的协调可持续发展中,利益的分配和物质、信息及能量的交流是核心,本书从共生媒介的畅通机制和共生利益的分配机制这两个核心维度构建了四种基本共生模式,利用模糊综合评价法对这四种基本共生模式的效益进行评价,从而筛选出林—浆—纸广义绿色供应链最优共生模式,并对最优共生模式的 Multi-Agent 运行机制做了分析,为制浆造纸企业在多层原料源供应链共生基础上的生产安排提供依据。本书还以濮阳龙丰公司为例证。主要结论有:

  (1)目前林—浆—纸绿色供应链的主要表现形式为林纸一体化模式且

林纸一体化模式的推进步伐正不断加快,原料结构改善较大,纸产品种类趋于多样化,纸浆、纸产品进出口持续扩大,废弃物利用率逐步提高等现状。但是仍然存在以下问题:木浆进口依存度较高;供应链横向广度和纵向深度不够;供应链节点企业间的信任关系不够稳定;社会就业带动有待加强;整体协作效益有待提升。

（2）林—浆—纸广义绿色供应链是林—浆—纸绿色供应链的延伸与拓展,也是供应链生态化与循环经济化的发展模式,与绿色供应链相比,具有长周期、更高资源利用率、更高经济和生态效率以及资源依赖性进一步降低等特性,具有一定意义上的超循环经济特性。

（3）林—浆—纸广义绿色供应链系统的共生单元包括制浆造纸企业、流通企业、营林企业、绿色化工企业、能源企业、机械装备制造企业等多元化主体要素。在核心制浆造纸企业中,其原料来源于紧密层、松散层、协作层与协同层等多级结构,原料来源具有多元化特性。

（4）在林—浆—纸广义绿色供应链基本共生模式构建的六个维度,即利益关系维度、交易频率维度、组织机制维度、共生媒介维度、空间布局维度和产权关系维度中,最核心的维度是利益关系维度和共生媒介维度,并且依据这两个核心维度,林—浆—纸广义绿色供应链具有利益偏废型共生、多元两高型共生、单一双低型共生、媒介偏废型共生四种基本共生模式,每种共生模式具有各自的优势。

（5）多元两高型共生模式效益得分最高,媒介偏废型共生模式效益次之,利益偏废型共生模式效益第三,单一双低型共生模式效益得分最低,表明这四种林—浆—纸广义绿色供应链基本共生模式中,以"互利共生"为主要特征的多元两高型共生将是一种较为理想的目标取向,即林—浆—纸广义绿色供应链最优共生模式是多元两高型共生模式。

（6）林—浆—纸广义绿色供应链整体上不仅具有 MAS 系统结构模式,而且分别在核心层、紧密层、协作层、松散层及协同层等方面均具有 MAS 系统结构模式。

作者

2023 年 10 月

目录 CONTENTS

1 绪论 ········· 001
  1.1 研究背景与问题提出 ········· 001
    1.1.1 题目来源 ········· 001
    1.1.2 研究背景与意义 ········· 001
    1.1.3 问题的提出 ········· 004
  1.2 国内外现有研究综述 ········· 006
    1.2.1 绿色供应链管理研究 ········· 007
    1.2.2 绿色供应链共生模式研究 ········· 012
    1.2.3 Multi-Agent 在供应链管理中的应用研究 ········· 013
    1.2.4 文献评述 ········· 015
  1.3 研究目的与内容 ········· 016
    1.3.1 研究目的 ········· 016
    1.3.2 研究内容 ········· 017
  1.4 研究方法与技术路线 ········· 018
    1.4.1 研究思路 ········· 018
    1.4.2 研究方法 ········· 019
    1.4.3 技术路线 ········· 020
  1.5 本研究的理论依据 ········· 022
    1.5.1 绿色供应链理论 ········· 022
    1.5.2 共生理论 ········· 023
    1.5.3 绿色发展理论 ········· 026

2 林—浆—纸绿色供应链发展现状与存在的问题分析 ········· 028
  2.1 林—浆—纸绿色供应链发展现状 ········· 028
    2.1.1 林纸一体化进程不断加快 ········· 028

2.1.2　原料来源结构有所改善 …………………………………… 031
　　2.1.3　产成品种类趋于多样化 …………………………………… 032
　　2.1.4　产成品进出口持续扩大 …………………………………… 034
　　2.1.5　环境友好性逐渐改善 ……………………………………… 037
2.2　林—浆—纸绿色供应链存在问题 ………………………………… 037
　　2.2.1　木浆进口依存度较高 ……………………………………… 037
　　2.2.2　横向广度和纵向深度不够 ………………………………… 038
　　2.2.3　伙伴合作关系不稳定 ……………………………………… 039
　　2.2.4　社会就业带动有待加强 …………………………………… 039
　　2.2.5　整体协作绩效有待提升 …………………………………… 040
2.3　本章小结 …………………………………………………………… 041

3　广义绿色供应链共生系统的理论研究 …………………………… 042
3.1　"广义绿色供应链"思想的提出 …………………………………… 042
　　3.1.1　现实需求：林—浆—纸绿色供应链的多层级原料供应
　　　　　 …………………………………………………………… 043
　　3.1.2　理论构想：广义绿色供应链的概念与思想 ……………… 043
　　3.1.3　比较分析：广义绿色供应链与传统绿色供应链的特
　　　　　性比较 …………………………………………………… 046
3.2　林—浆—纸广义绿色供应链共生系统内部要素与外部环境
　　　分析 ………………………………………………………………… 047
　　3.2.1　共生系统内部要素构成 …………………………………… 047
　　3.2.2　共生系统外部环境分析 …………………………………… 049
3.3　林—浆—纸广义绿色供应链共生系统结构建立 ………………… 051
　　3.3.1　共生系统内部要素与外部环境的关联结构 ……………… 051
　　3.3.2　共生系统内部的多层原料源结构 ………………………… 052
　　3.3.3　共生系统内部的多层次系统结构 ………………………… 054
3.4　林—浆—纸广义绿色供应链的共生原理研究 …………………… 055
　　3.4.1　共生系统内部要素与外部环境相互作用原理 …………… 056
　　3.4.2　共生系统内部的多层原料源供应原理 …………………… 057
　　3.4.3　共生系统内部合作层的协调原理 ………………………… 057
3.5　本章小结 …………………………………………………………… 058

4 广义绿色供应链共生模式的分析与设计 ... 059
4.1 共生模式的多维度分析 ... 059
4.1.1 利益关系维度 ... 060
4.1.2 交易频率维度 ... 062
4.1.3 组织机制维度 ... 065
4.1.4 共生媒介维度 ... 066
4.1.5 空间布局维度 ... 068
4.1.6 产权关系维度 ... 069
4.2 林—浆—纸广义绿色供应链共生模式的核心维选择 ... 070
4.2.1 共生媒介的畅通机制 ... 072
4.2.2 共生利益的分配机制 ... 072
4.3 林—浆—纸广义绿色供应链的核心维共生模式设计 ... 074
4.3.1 单一双低型共生模式 ... 074
4.3.2 媒介偏废型共生模式 ... 075
4.3.3 利益偏废型共生模式 ... 075
4.3.4 多元两高型共生模式 ... 076
4.4 本章小结 ... 076

5 广义绿色供应链共生模式效益评价与最优模式筛选 ... 078
5.1 效益评价指标体系选取与释义 ... 078
5.1.1 指标体系的选取原则 ... 079
5.1.2 基于ISM方法选取的指标体系 ... 081
5.1.3 指标体系释义 ... 085
5.2 效益评价方法 ... 089
5.2.1 效益评价方法的比较与选取 ... 089
5.2.2 模糊综合评价法 ... 089
5.2.3 评价流程 ... 090
5.3 问卷设计与数据处理 ... 092
5.3.1 专家选择 ... 092
5.3.2 问卷设计 ... 093
5.3.3 数据处理 ... 093

5.4 林—浆—纸广义绿色供应链共生模式的效益评价结果 …… 096
   5.4.1 单一双低型共生模式效益评价结果 …… 096
   5.4.2 媒介偏废型共生模式效益评价结果 …… 100
   5.4.3 利益偏废型共生模式效益评价结果 …… 101
   5.4.4 多元两高型共生模式效益评价结果 …… 103
5.5 最优共生模式（多元两高型共生模式）的效益分析与详细设计 …… 104
   5.5.1 最优共生模式的资源效益分析 …… 106
   5.5.2 最优共生模式的价值效益分析 …… 106
   5.5.3 最优共生模式的生态效益分析 …… 106
   5.5.4 最优共生模式的详细设计 …… 107
5.6 本章小结 …… 109

6 广义绿色供应链最优共生模式的 Multi-Agent 运行机制研究 …… 110

6.1 广义绿色供应链 Multi-Agent 系统结构建立 …… 110
   6.1.1 Multi-Agent 技术 …… 110
   6.1.2 基于 Multi-Agent 的广义绿色供应链总结构 …… 112
   6.1.3 基于 Multi-Agent 的广义绿色供应链子结构 …… 115
6.2 基于 Multi-Agent 系统结构的最优共生模式多层级运行机制研究 …… 117
   6.2.1 核心层 Multi-Agent 系统运行机制 …… 118
   6.2.2 紧密层/协作层 Multi-Agent 系统运行机制 …… 119
   6.2.3 松散层 Multi-Agent 系统运行机制 …… 121
   6.2.4 协同层 Multi-Agent 系统运行机制 …… 122
   6.2.5 整体 Multi-Agent 系统运行机制 …… 123
6.3 林—浆—纸广义绿色供应链核心层的多维共生机制研究 …… 125
   6.3.1 核心层多维共生机制的多目标分析 …… 125
   6.3.2 核心层多维生产计划决策机制的分析 …… 126
   6.3.3 核心层多维生产计划决策模型建立 …… 128
   6.3.4 核心层多维生产计划决策模型仿真结果 …… 131
6.4 本章小结 …… 134

7 应用研究：龙丰公司林—浆—纸广义绿色供应链共生模式研究 … 135

7.1 龙丰公司林—浆—纸广义绿色供应链发展现状与存在的问题分析 … 135
- 7.1.1 龙丰公司发展概况 … 135
- 7.1.2 龙丰公司林—浆—纸广义绿色供应链发展现状 … 136
- 7.1.3 龙丰公司林—浆—纸广义绿色供应链存在的问题分析 … 141

7.2 龙丰公司林—浆—纸广义绿色供应链的发展战略研究 … 142
- 7.2.1 林—浆—纸广义绿色供应链建设的战略目标 … 142
- 7.2.2 林—浆—纸广义绿色供应链建设的战略规划 … 143
- 7.2.3 林—浆—纸广义绿色供应链建设的战略保障 … 146

7.3 龙丰公司林—浆—纸广义绿色供应链共生模式构建及运行机制研究 … 147
- 7.3.1 林—浆—纸广义绿色供应链共生模式的选择 … 147
- 7.3.2 林—浆—纸广义绿色供应链共生模式的 Multi-Agent 结构设计 … 152
- 7.3.3 林—浆—纸广义绿色供应链共生模式的运行机制 … 156

7.4 龙丰公司林—浆—纸广义绿色供应链共生模式实施路径与深化对策 … 158
- 7.4.1 林—浆—纸广义绿色供应链共生模式的实施路径 … 158
- 7.4.2 林—浆—纸广义绿色供应链共生模式的深化对策 … 159

7.5 本章小结 … 161

8 结语 … 162
- 8.1 研究结论 … 162
- 8.2 创新点 … 163
- 8.3 进一步研究展望 … 164

参考文献 … 166

附录 专家调查表 … 185

图 目 录

图 1-1　技术路线:林—浆—纸广义绿色供应链共生模式效益评价及优化方法技术体系 ………………………………………………… 021

图 2-1　2000—2016 年全国制浆造纸企业固定资产投资额和增长率情况 ……………………………………………………………… 030

图 2-2　2001 年制浆造纸原料占比情况 ………………………… 032

图 2-3　2016 年制浆造纸原料占比情况 ………………………… 032

图 2-4　万元工业产值化学需氧量排放强度 …………………… 037

图 3-1　林—浆—纸供应链、绿色供应链和广义绿色供应链的简要构成 ……………………………………………………………… 044

图 3-2　林—浆—纸广义绿色供应链共生系统结构 …………… 051

图 3-3　林—浆—纸广义绿色供应链的多层次原料来源结构 … 052

图 3-4　林—浆—纸广义绿色供应链的合作层次结构 ………… 054

图 3-5　林—浆—纸广义绿色供应链的多层次系统结构 ……… 055

图 4-1　林—浆—纸广义绿色供应链基本共生模式的六个维度分类 ……………………………………………………………… 060

图 4-2　利益关系维度的共生模式与林—浆—纸广义绿色供应链互利程度的关系 ………………………………………………… 065

图 4-3　交易频率维度的共生模式与管理成本的关系 ………… 065

图 4-4　林—浆—纸广义绿色供应链共生模式的对应关系 …… 070

图 4-5　基于核心维的林—浆—纸广义绿色供应链共生模式矩阵构建 ……………………………………………………………… 074

图 5-1　林—浆—纸广义绿色供应链共生模式效益系统结构 … 084

图 5-2　林—浆—纸广义绿色供应链共生模式的效益评价指标体系 ……………………………………………………………………… 084
图 5-3　林—浆—纸广义绿色供应链基本共生模式的效益综合评价值比较 ……………………………………………………… 105
图 5-4　林—浆—纸广义绿色供应链最优共生模式设计 ……… 108
图 6-1　林—浆—纸广义绿色供应链共生模式的短链结构模型 … 112
图 6-2　林—浆—纸广义绿色供应链的 MAS 总体结构 ………… 113
图 6-3　制浆造纸 Agent 的下层 Sub-Agent 结构 ……………… 115
图 6-4　制浆造纸 Agent 的底层 Sub-Agent 结构 ……………… 117
图 6-5　林—浆—纸广义绿色供应链核心层 MAS 的运行机制结构 … 119
图 6-6　林—浆—纸广义绿色供应链紧密层/协作层 MAS 的运行机制 ……………………………………………………………… 120
图 6-7　林—浆—纸广义绿色供应链松散层 MAS 的运行机制 … 122
图 6-8　林—浆—纸广义绿色供应链协同层 MAS 的运行机制 … 123
图 6-9　林—浆—纸广义绿色供应链整体 MAS 的运行机制 …… 124
图 6-10　林—浆—纸广义绿色供应链核心层的决策目标体系 … 126
图 6-11　核心层多维生产计划决策机制 ………………………… 127
图 7-1　APMP 制浆生产线及其控制室 ………………………… 137
图 7-2　龙丰公司的原料林基地 …………………………………… 138
图 7-3　Opti 纸机生产线及其控制室 …………………………… 139
图 7-4　自动化包装设备 …………………………………………… 140
图 7-5　龙丰公司林—浆—纸广义绿色供应链的网络结构模型 … 153
图 7-6　龙丰公司林—浆—纸广义绿色供应链的多层次循环结构模型 ……………………………………………………………… 154

表 目 录

表 2-1	2016 年重点造纸企业产量前 30 名企业	030
表 2-2	2000 年、2001 年中国造纸工业主要产品生产量	033
表 2-3	2015 年、2016 年中国造纸工业主要产品生产量	033
表 2-4	2000 年及 2001 年中国纸浆、废纸、纸及纸板、纸制品进口情况	034
表 2-5	2000 年及 2001 年中国纸浆、废纸、纸及纸板、纸制品出口情况	035
表 2-6	2015 年及 2016 年中国纸浆、废纸、纸及纸板、纸制品进口情况	035
表 2-7	2015 年及 2016 年中国纸浆、废纸、纸及纸板、纸制品出口情况	036
表 2-8	2002—2016 年木浆进口情况	038
表 3-1	林—浆—纸广义绿色供应链和传统绿色供应链概念比较	046
表 3-2	林—浆—纸广义绿色供应链和传统绿色供应链特性比较	046
表 4-1	林—浆—纸广义绿色供应链共生模式二维组合	064
表 4-2	六个维度特性比较及核心维度选取	071
表 5-1	专家权威分析	095
表 5-2	基本共生模式单指标评价调查结果统计	097
表 5-3	林—浆—纸广义绿色供应链基本共生模式的综合评价值	105
表 6-1	核心层生产计划决策模型参数值	132
表 6-2	核心层生产计划决策模型系数	132
表 6-3	仿真最优解	133

表7-1	龙丰公司林—浆—纸广义绿色供应链共生效益综合判断矩阵 P ………………………………………………………… 149
表7-2	资源效益判断矩阵 P_1 ………………………………… 149
表7-3	价值效益判断矩阵 P_2 ………………………………… 149
表7-4	生态效益判断矩阵 P_3 ………………………………… 149
表7-5	定性等级对应的评价数值区间 ………………………… 151
表7-6	各共生模式的分值 ……………………………………… 152

1 绪 论

1.1 研究背景与问题提出

1.1.1 题目来源

本书源于笔者的博士论文《广义绿色供应链共生模式及其 Multi-Agent 运行机制研究——以林—浆—纸为例》,旨在以林—浆—纸为例,对广义绿色供应链基本共生模式选取、基本共生模式效益评价、最优共生模式筛选及其 Multi-Agent 运行机制进行研究。论文选题来源于以下项目,并先后受到这些项目不同程度的资助:国家科技支撑计划课题"林纸一体化运行模式研究与示范"(2006BAD32B08);国家自然科学基金项目"林业绿色供应链的共生理论与模式研究——以中国林—浆—纸产业链为例"(70873059);国家自然科学基金项目"基于生态—产业共生关系的林业生态安全测度研究"(71173107);国家自然科学基金项目"生态文明的阈值和水平双指数测度方法"(71673136)。

1.1.2 研究背景与意义

1. 研究背景

本书旨在以林—浆—纸为例,对广义绿色供应链基本共生模式选取、基本共生模式效益评价、最优共生模式筛选及其 Multi-Agent 运行机制进行研究。其中,绿色供应链是指在企业供应链中,综合生态、环境影响和资源、能源优化利用,通过绿色培育、设计等,减少产品在生产、使用和回收期对环境的负面影响的一种绿色模式。广义绿色供应链是指将生产制造环节拓展到可再生资源的培育环节（如营林业），不仅考虑供应链"直链"中的节点企业，即一般供应链中的供应商、生产制造企业和分销商，还考虑供应链"支链"中的企业，即为与生产制造企业形成的副产品进行交换的企业，如在林—浆—纸广义绿色供应链中利用制浆造纸企业在生产过程中排放的蒸汽来发电，同时又为"直链"中的制浆造纸企业、营林企业等供电的热电企业。依据与核心企业的关系紧密程度，将供应链"直链"和"支链"中的节点企业分为紧密层、协作层、松散层，处于核心层的企业与供应链中处于不同层级的其他企业之间，分别形成单体公司、产权、契约、战略联盟的关系，从绿色资源培育到绿色反哺，不仅要减少对资源、生态和环境的破坏，更要实现可再生资源（如森林资源）的绝对数量的增长，生态环境的改善和经济、社会效益的提升等，这就形成了林—浆—纸广义绿色供应链的多层共生模式。本书在以下背景中展开研究。

（1）宏观背景：绿色发展理念已深入人心，发展绿色循环经济是经济新常态的要求，践行绿色发展已成为全人类共识。

18世纪60年代英国爆发的工业革命为人类带来了工业文明，极大地促进了资本主义社会生产力与生产关系的完美演绎。但与此同时，也给人类带来了极为严重的环境污染和生态破坏，甚至引发了全球气候变暖、爆发了全球生态危机。全球气候变暖已成为不争的事实，自1870年至2016年，全球累计排放2 075千兆t CO_2，2016年全球CO_2排放量达到321亿t，中国已经超过美国，成为世界CO_2年排放量的第一大国，有专家预计我国的CO_2排放量在2030年将达到峰值。因此，中国作为《巴黎协定》的签约国，共同应对气候变化的承诺使得中国减排压力逐渐加大。

为应对气候变暖和生态危机，人类陆续提出可持续发展理念、科学发展观和绿色发展理念，从可持续发展理念到绿色发展理念的提出，无一不体现中国人应对气候变暖的决心和毅力，甚至到目前提出的生态文明发展战略，也集中反映了中国人民对于发展理念的创造性思维。当前，中国正面临着气候变化等巨大环境挑战，而如何应对挑战至关重要。同时，在应对挑战的过程中，也应当抓住机遇，抓住"绿色革命"的良好契机，健康良性地走上绿色发展的光辉道路。当下，绿色发展理念已被提出许久，深入人心，践行绿色发展已成为全人类共识。"创新、协调、绿色、开放、共享"五大理念已纳入国家"十三五"战略规划中，要实现"十三五"战略规划目标，就必然要坚持"五大理念"思想，以破解改革发展中遇到的难题，集聚改革发展中的优势。2017年，中共十九大报告单篇论述生态文明的有关建设要求，为实现下一个五年目标打下了坚实基础。绿色发展理念的践行，需要人类的绿色行动，在绿色背景下，倡导绿色经济建设。同时，发展绿色循环经济也是在经济新常态背景下的必然要求，要践行绿色发展理念，就要发展绿色循环经济。

(2) 中观背景：发展绿色循环经济要靠产业，同时也对林—浆—纸产业提出了新要求

随着生态文明的提出，一些绿色理念，诸如绿色发展和循环经济理念、可持续发展理念等也随之被提出，且这些理念已经深入人心，成为全人类共识。当前，环境问题已成为全国首要问题，如何更大限度地保护生态环境却是人类百年来需要思考的问题。而在经济新常态背景下，发展绿色循环经济赋予了产业重要地位，尤其是对于绿色产业而言，在众多产业中，制浆造纸产业是国民经济和社会发展的重要基础产业，是最大化利用森林资源附加值最高的产业之一，具有可持续发展的特点。我国制浆造纸产业木材纤维比重偏低，制约了我国的高质量纸产品的生产能力，随着我国经济发展进入新常态，纸张消费层次和水平都在提升，高质量纸产品的供求矛盾愈加凸显。在绿色发展和循环经济发展的理念下，对如何依靠林浆纸企业来保护生态环境，实现废弃物的重复利用等提出了新要求。发展林—浆—纸产业主要需要通过发展林—浆—纸广义绿色供应链，通过整体链条的协作来实现产业经济发展与生态建设的协同发展，以达到发展绿色循环经济的目的。

(3) 微观背景：林—浆—纸产业经济发展需要林—浆—纸整个绿色供应链的带动，全链条的带动是促进林—浆—纸全产业发展的关键

众所周知，全产业经济发展需要产业链全链条的带动，产业链条的带动能够使得产业经济健康发展。而在链条中如何使得废弃物能够重复利用，节约利用资源，使得整体链条绿色化，这也是供应链运作的关键。林—浆—纸供应链在运行过程中会产生大量废弃物，如果不加以处理利用，必然会使得资源浪费，因此在供应链中必然要对这些供应链节点企业进行研究。归根结底，产业的发展需要林业各类企业通过提供有价值的产品满足消费者的需求来实现，在林—浆—纸供应链的延伸中，供应链的协调共生不但可以提升供应链核心企业的竞争优势，而且可以带动营林业、

化工产业、热电产业等的发展，发挥林业产业的关联效应，促进第一产业和第三产业的发展。单个企业无法实现资源、信息等的共享，而如何依靠供应链的协作关系来控制原材料等备受关注。

2. 研究意义

（1）理论意义。一是提出广义供应链思想、概念，将绿色共生理论应用于广义供应链中，将其概念内涵进行拓展延伸，提出林—浆—纸广义绿色供应链内涵。依靠产业供应链的运作方式来节约企业资源和交易成本，进而提出适用于企业节能减排的最优模式，是每个企业所要考虑的难题，而且这些问题也是亟待解决的重要问题。而本书将这些问题结构化，每一个问题都使用定性或定量的方法来解决，用结构化的科学方法来解决这些非结构化问题，具有一定的科学理论意义。二是提出林—浆—纸广义绿色供应链的基本共生模式。基于林—浆—纸供应链的发展现状和存在问题的剖析，从利益关系、交易频率、组织机制等六个维度分别提出林—浆—纸广义绿色供应链的基本共生模式，并进一步研究提出基于核心维的四种共生模式，具有一定的理论意义。

（2）实践意义。一是对林—浆—纸广义绿色供应链的基本共生模式进行效益评价，根据评价结果筛选出最优模式及分析最优模式的运行机制，最后再辅以案例分析，通过理论联系实际来进一步佐证本书相关研究结果和结论。二是对最优共生模式的 Multi-Agent 共生机制进行研究。在对核心层、紧密层/协作层、松散层的 Multi-Agent 系统运行机制进行研究的基础上，建立了核心层多维生产计划决策模型，并仿真计算得出结果。三是将理论应用于案例。以龙丰公司为例，将提出的最优共生模式应用于龙丰公司生产实践中，解决实例中存在的诸多不足，对龙丰公司的管理运作具有一定的实践指导意义。

1.1.3 问题的提出

在以上宏观背景、中观背景和微观背景下，根据实地调研，目前，我国制浆造纸企业在实际运作中仍然存在以下实际问题。（1）我国制浆造纸产业是与国民经济、社会发展、生态平衡关系密切并具有可持续发展特点的重要基础原材料产业，涉及的行业领域广泛，如农业、林业、化工产业、机械制造业、能源、物流等。2009 年我国的纸和纸板产量和消费量都超过美国成为世界第一大国，2016 年全国纸和纸板产量为 10 855 万 t，消费量为 10 416 万 t，但因人口基数大，人均消费为 75 g，虽高于世界平均水平，但与世界发达国家相比还有较大差距，我国的纸及纸板市场空间巨大。(2) 节能、环保、绿色是制浆造纸工业的发展方向，对环境影响最小的木浆因木材纤维原料的制约在我国纸浆中占比较低，2016 年木浆消耗 2 877 万 t，占纸浆消耗量的 29.4%，其中国产木浆仅占 10%，这大大制约了我国制浆造纸业的发展。(3) 为解决木材纤维问题，我国的制浆造纸业经历了 20 世纪 60 年代的"林办纸""纸办林"到现在的林纸一体化，其过程是长期而艰难的，目前仍然存在许多困难和问题：原料林建设周期长，投资风险大，林木培育和管理技术落后；采伐约束管理不尽合理，制浆造纸企业的生产规模受到了限制，营林投资意愿不强；林权制度改革后导致林地细碎化，制浆造纸企业的造纸用材林难以落实到位；林业资金筹措困难，虽然政府出台政策扶持制浆造纸企业建设原料林，但实际操作中企业融资困难重重；原料来源单一，限制制浆造纸企业的发展；林、浆、纸貌合神离，形式上的一体化使得林纸一体化工程中的诸多原料林作为一种样板林，并未真正与核心企业形成良性互动的有效运行机制。

在以上宏观背景、中观背景和微观背景下，根据文献检索与分析，在科学研究中，关于我国林—浆—纸广义绿色供应链的研究仍然存在以下问题：(1) 目前，国内外虽对林—浆—纸供应链的研究较多，但是将绿色共生理论应用于林—浆—纸供应链的研究不多。因为供应链建立的目标是实现资源效率和利润的最大化，而仅有供应链并不能有效提高资源配置效率，还需要考虑诸如绿色环保、生态环境建设等诸多问题，即需要考虑绿色化的林—浆—纸供应链。林—浆—纸广义绿色供应链（Forestry-pulp-paper Generalization Green Supply Chain）适时而生，其将绿色供应链理论应用于林—浆—纸企业中，打破了供应链运作过程中各节点的割裂和封闭，实现了营林业、制浆造纸业、流通业之间的密切合作，构成一个共生系统。在这个共生系统中，共生单元之间不断进行信息、物质、能量的交换，并在共生过程中产生新能量，包括经济效益、生态效益、环境效益。(2) 林—浆—纸广义绿色供应链的原料来源比较单一，根本无法满足林—浆—纸广义绿色供应链的运作需要，亟须寻找多元化原料来源的林—浆—纸广义绿色供应链模式。

综上所述，基于以上研究背景，本书提出以下研究问题，即本书展开的研究目标。

(1) 何为林—浆—纸广义绿色供应链？其与一般林业绿色供应链有何区别和联系？

(2) 林—浆—纸绿色供应链的发展现状如何？存在哪些问题？

(3) 林—浆—纸广义绿色供应链的共生系统架构如何？其作用机制如何？

(4) 林—浆—纸广义绿色供应链的基本共生模式有哪些？

(5) 林—浆—纸广义绿色供应链的基本共生模式运行效益如何？

(6) 在林—浆—纸广义绿色供应链的基本共生模式中，哪种是最优共生模式？最优共生模式的运作机制如何？

诸如此类，以上问题均为林—浆—纸广义绿色供应链管理亟须解决的问题，因此，本书以上述问题为切入点来开展研究。

1.2 国内外现有研究综述

供应链管理源于人们对物流活动的认识，人类的商业活动伴随产生了物流活动，Arch Show 在《市场分销中的问题》中提出商品在流通过程中也能产生附加值，供应链管理是迄今为止企业物流发展的最高级形式。供应链是输入供应商提供的原材料，经过制造企业的生产加工，从性质或形态上发生根本性变化，输出最终产品，再经由分销商到消费者，从而组成能量、物质交换的网络。1996 年，绿色供应链首次被提出，是在传统供应链中融入环境因素，又名环境意识供应链（Environmentally Conscious Supply Chain）或环境供应链（Environmental Supply Chain），综合考虑供应链的环境影响及资源配置效率，以求代际、代内公平。绿色供应链管理是一种现代管理模式，以绿色制造理论、可持续发展理论与供应链管理技术为指导，涉及绿色供应链内原料供应商、生产制造企业、经销商与客户，其目的是使得产品从原料供应、生产制造、产品消费后回收的整个过程中，通过改进生产工艺与流程、消费模式，达到环境影响最小化，提高资源使用效率（王能民，2015）。目前，供应链管理的研究主要分为三个阶段：企业内部流程研究；外部合作研究及基于核心企业的供应链协同管理。

1.2.1 绿色供应链管理研究

供应链管理以客户满意为导向，系统协调供应链中企业的业务职能，增进供应链整体及单个企业的长期效益（Mentzer et al, 2001）。传统大规模生产忽略了对环境的影响，全球变暖、环境退化和资源总量的急剧下降等环境问题引起了全人类的关注。因此，为了企业的长期发展，企业的管理者们开始关注环境责任活动（Zhu et al, 2012）。随着在全球市场中绿色制造的不断演进，绿色供应链管理概念在企业竞争优势获取和战略制定中扮演了关键角色（Sivaprakasam et al, 2015；Soda et al, 2016；Choi et al, 2017）。

绿色供应链管理是把环境融入整个商业活动中，如产品设计、原材料购买、生产过程、产品销售和使用等，在供应链管理中纳入环境因素已逐渐演进为独立的且不断增长的研究领域，绿色供应链管理是企业竞争力提升和经济绩效提高的源泉（Rao et al, 2005）。供应链管理的研究主要分为三个阶段：企业内部流程研究；外部合作研究；基于核心企业的供应链协同管理。

1. 绿色供应链管理的内涵研究

许多学者都在关注绿色供应链管理，现有研究主要集中在五个方面。

（1）企业实施绿色供应链时存在压力和动力（朱庆华等，2010）。企业面临日益增长的利益相关者（如消费者、供应商、政府和股东）对于环境要求的压力，这种压力对企业内部绿色管理产生显著的正向影响，而内部绿色管理对绿色产品和设计有着积极影响，因此企业的环境绩效与利益相关者的压力密不可分（Yu et al, 2015）。竞争对手的绿色供应链的成功实施也会促进企业的环境创新活动（Dai et al, 2015）。环保标准和制度促使了供应链的绿色化，以欧盟、美国和日本等发达国家最为有效（樊雪梅等，2013）。政府通过补贴政策激励企业实施绿色供应链管理，实现经济效益和环境效益的双赢（Zhuo et al, 2016）。企业的绿色形象是企业实施绿色供应链管理的动力来源（张亚连等，2012）。

（2）绿色供应链管理的内部实践，与生产制造企业及内部管理过程有关：企业高层管理者对环境管理的承诺、中层管理者在环境管理中的执行力和各职能部门之间为改善环境的管理协同（Miroshnychenko et al, 2017；李文君等，2017）；全面质量环境管理；产品创新；流程改善；新技术和新能源的使用；环境合规性；审计程序；ISO14001 认证；环境管理体系；绿色制造实践；逆物流；在采购及运输中减少温室排放（Mirzapour Al-e-hashem et al，2014）；碳管理；绿色供应链管理中信息分散的问题（Chan，2012；张金华，2014；张琳，2012）。

（3）绿色供应链外部实践与供应商的"绿色化"，客户的参与及在绿色供应链管理中必要时政府的参与：为供应商提供设计规范；为环境目标与供应商开展合作；供应商环境管理的审计；对供应商ISO14001认证的要求；与客户合作生态设计；与客户和供应商合作完成更清洁的生产；环境友好包装及政府参与（Dou，2014；Green et al，2012b；朱庆华等，2011；张松波等，2012）。供应商在环境可持续性方面的合作对于企业环境可持续性产品设计和物流具有积极的作用，对于企业而言则是竞争力的提升和经济效应的提高（Mitra et al，2014；Wu，2013）。

（4）绿色投资，即节约电、水、原材料使用的设备投资，加上过剩原材料、废品、使用过的原材料或贬值设备等的销售收回投资（Wu，2013；Green et al，2012a；Jabbour，2014）。

（5）关于生态设计和绿色、逆向物流。当企业使用对环境冲击小的原材料，在产品设计时就会考虑减少原材料和能量的使用，避免使用对环境有害的原材料，和客户一起实现产品的循环使用，减少包装，减少废弃物，在产品设计时就会考虑逆向物流的问题（Wu，2013；Bhattacharya et al，2015）。绿色供应链实践的研究领域很广泛，不仅有对制造业整体的研究（伊晟，2016），更多的是针对具体行业实施绿色供应链管理的影响因素、效益研究，如汽车行业（Luthra et al，2016）、钢铁行业（郑季良等，2017）、食品和餐饮业（李晓英，2013；孙楚绿等，2017）、纺织业（杨学坤，2012）、家电业（徐爱等，2012）、零售业（曹海英等，2012）、煤炭业（李丹等，2013）、人造板（陈志松，2016）、港口（Holt et al，2009；顾磊等，2014），在不同地区的实施建议（胡冬雯等，2017），还有实践路径及其要素间相互关系的研究（成琼文等，2016），在大数据背景下将生态知识从环境维、战略维、要素维、能力维和知识产权维动态嵌入绿色供应链（张轶等，2015）。运用模糊综合评价法对绿色供应链的内、外部风险进行分析（Büyüközkan et al，2012；马丽娟，2012）。大多的研究都是关于绿色供应链在企业中的实践应用，因此理论研究相对不足（Shibao et al，2017）。

2. 绿色供应链伙伴的选择

选择供应链伙伴的传统方法仅仅依据价格，随着政府立法和民众环保意识的加强，如今公司不得不考虑环境问题。影响绿色供应链伙伴筛选的因素有很多，理论界和企业实践中并没有统一的标准，目前主要考虑供应商的简况、组织管理、运营管理、二氧化碳管理能力、产品设计和环境的合规性等因素（Rao，2002；Liou et al，2016；王忠伟等，2015），为了合理合法利用自然资源，供应商应提高社会责任意识（Büyüközkan et al，2012；Alimardani et al，2013）。选择绿色供应链供货商的方法主要有层次分析法、平衡积分卡、主成分分析法、结构熵权-灰色关联等（石黎，2012；阮连发等，2011）。供应链伙伴较低的环境管理水平会大大降低核心企业的环境效益，因此，选择资源节约、环境友好的绿色供应商对绿色供应链管理是非常重要的。供应链伙伴的合作能提高绿色供应链管理的效益（Tachizawa et al，2015），经济、技术、合作和契约等多角度激励能促进供应链合作伙伴的合作度（王丽杰等，2014），基于收益分享—成本分担，契约谈判—协调机制，绿色供应链的节点企业都能获利（陈志松，2016）。

3. 绿色供应链管理效益及评价研究

绿色供应链管理经历了立法监督的被动阶段，然后到企业主动实践，效益体现在提高产品质量、减少库存、降低废品率、提升生产效率、利用环境管理体系控制污染、减少资源消耗、促进产品的重复使用和回收利用（Dou et al，2014；Jabbour et al，2014）。企业实施绿色供应链的效益主要表现为环境效益、经济效益、运营效益（Laosirihongthong et al，2013；Geng et al，2017）。

（1）环境效益。企业的环境效益是指通过环境方面的管理得到的结果，通常用与法律及客户要求的符合性和为了达到环境合规性的成本等指标来衡量（Hernández et al，2016）。绿色供应链管理实践企业一般都降低了对环境的影响，减少了污染物的排放，如废气、废水、固体废弃物等，保护了自然资源，环境事故率也大大降低（Lin，2013；Mitra et al，2014；Chaudhary et al，2015），改善了经营活动（Kuo et al，2014；Zhu et al，2012）。

（2）经济效益。企业实施绿色供应链管理存在积极和消极两方面作用（Shibao et al，2017）：从积极方面来看，企业减少了能源和水消耗的支出，降低了废弃物的处理费用，提高了原料的重复利用率和循环使用率，减少了产品和包装的降解，同时提高了边际利润（Hernández et al，2016；Mirhedayatian et al，2014）。从消极方面来看，公司为生产环境友好型产品增加了生产、市场方面的投资，运营成本上升，员工培训费用提高，因采购环境友好型原材料的支出增加（Lin，2013；De Giovanni et al，2012）；绿色供应链管理内部实践是企业财务效益的主要推动力，外部实践次之，而ISO14001则起了负面作用（Miroshnychenko et al，2017）。

（3）运营效益。企业实施绿色供应链管理，降低了废品率，提高了产品和服务的质量，增加了生产率高的原材料的使用量，实现了产品缺陷率最小化的目标，同时企业还改进了客户抱怨记录、分析和解决产品质量存在的问题（Chan et al，2012；Green，2012b）。

对绿色供应链管理的效益评价有很多模型，如平衡计分卡在食品行业绿色供应链管理中的应用（孙楚绿等，2017），模糊综合层次评价法、模糊评价法利用关键指标对绿色供应链管理的实施效益进行评价（Chaudhary et al，2015；尹小悦等，2016；张毕西等，2014），结构方程模型用来解释竞争对手在绿色供应链上的成功实践对核心企业绿色生产的促进作用（Dai et al，2015）。绿色供应链效益评价数据的获得大多采用企业调研、专家评判（朱庆华等，2011）。绿色供应链管理的实施对企业的环境效益和经济效益都有积极的作用（周晓美等，2014）。在绿色供应链效益评价时结合低碳经济理念，评价指标体系也会因此更具有时代色彩，体现经济、生态、环境和社会的平衡发展（生艳梅等，2014）。

4. 企业对于绿色供应链的态度

企业对绿色供应链的态度分为两种：被动接受和主动参与。被动接受的企业在环境管理方面按最低投入分配资源，同时仅仅是为了降低环境对产品的影响（Lin，2013；Mitra et al，2014）。而对于主动参与环境管理的企业则开始预期新的环境法规，比如，为再循环分配资源等（Kumara et al，2006）。企业的态度与绿色供应链管理的环境、经济、运营效益存在正相关关系（Shibao et al，2017；朱庆华等，2011）。国内和国外主要生产商在供应链管理环保意识上存在较大区别（Zhu et al，2017）。在推动共建丝绸之路经济带和21世纪海上丝绸之路中，绿色供应链对于"一带一路"沿线尚处于经济增长与资源消耗及污染排放挂钩的大多数国家的生态保护和环境污染干预具有积极作用，是落实绿色"一带一路"政策的重要工具（胡冬雯等，2017）。

5. 林—浆—纸绿色供应链的研究

制浆造纸行业95%以上的原料来自木材纤维（废纸占45%左右）。制浆造纸行业的市场结构面临巨大变化，亚洲纸产品市场快速增长，但该区域的森林资源匮乏，只能通过进口来满足纸产品的大量需求，或通过进口纸浆产品用于不断扩张的造纸行业（Carlsson et al，2009）。从种苗培育到人们日常消费的各种纸产品，林—浆—纸供应链涉及大量的活动环节，从林木原料到纸浆再到纸的供应链，因为原料环节的特殊性，林—浆—纸供应链应具有"绿色"天然属性，但是由于制浆造纸企业在生产过程中对环境的负面影响，因此林—浆—纸供应链具有双向生态性（彭红军等，2016）。

在森林资源丰富的发达国家，如芬兰、瑞典和美国，从纯粹利用天然森林资源、重视森林保护、森林恢复到用材林培育，经历了从破坏环境到保护环境的曲折过程，最终形成了林纸一体化经营模式。在这些发达国家，林纸一体化模式运行相当成功，不仅保护了生态环境，还促进了林业产业的发展，有效地实现了林业产业和生态系统的双赢。根据全球森林、纸业和包装行业领先公司的可持续发展议程和成果的评估，造纸行业内领先的公司认识到他们的企业对环境、社会和经济的影响程度较小，这些公司对可持续性的承诺主要是由业务强制驱动的，在以持续增长为中心的现有商业模式中进行，并不是为了持续获得自然资源和吸引资本投入（Jones et al，2017）。

我国的林浆纸一体化工程建设已初见成效，浆纸林基地建设主要由林浆纸企业自办原料林基地，但依然存在林基地规划不到位、落实困难等问题，同时也受到林木采伐限制、高税费、融资困难及树种单一性等不利因素制约（顾民达，2009）。我国林纸一体化以经济学、管理学为理论基础，从交易成本视角看，林纸一体化内部交易成本低于外部市场成本，制浆造纸企业建立纸浆林基地降低交易成本；从组织模式看，制浆造纸企业的后向一体化有利于解决因我国森林资源匮乏面临的原料风险；从管理体系看，需要政府、行业、市场和企业协调推进我国的林纸一体化建设（张智光，2008a；张智光，2008b）。"绿色"是林业供应链的天然属性，核心问题是供应链中节点企业的绿色共生，还有资源链、价值链和生态链的协同共生（张智光，2008a）。从资源、能源、环境、法规、公众压力等角度可以分析造纸企业实施绿色供应链管理可以给社会、公众和企业带来效益，有效实现"三赢"。林纸供应链属于"从孕育到孕育"的超循环经济系统（张智光，2017），在林业供应链绿化过程中，成员企业投入成本越大，对林业绿色供应链总成本的节约越有利，其对应的市场份额也就越大，绿色供应链管理的最大动力源就是整链内对利益分配比的极力追求（郭承龙等，2011）。集成的供应链模型考虑整个供应链结构，并管理供应链上游和下游的所有业务决策（Shahi et al，2017）。木材纤维的原料稀缺性和生产周期长的特点促使林—浆—纸企业拓展供应链，可以利用以木材为原料投入的其他林产品加工企业的加工边角料，从而达到扩展原料来源的目的（Peter et al，2016）。基于增加电力生产或节省生物质资源目标和共享热电联产系统技术，从供应链角度把制浆造纸企业、木屑颗粒厂集合成一个综合性的工业场所，以提高经济和环境效益（Mesfun et al，2015）。

1.2.2 绿色供应链共生模式研究

工业共生作为供应链环境可持续性的重要工具，要求供应链上的节点企业改进合作机制，减少对环境的影响，从而改善环境（Mattila et al，2010），工业共生和工业生态的结合是供应链环境可持续发展的保障（Leigh et al，2015；Gonela et al，2015）。

在收益可持续增长的目标引导下，企业一方面为迎合市场生产"绿色"产品，另一方面为降低成本减少企业对环境的影响，将企业生产过程中的副产品出售给其他企业，从而产生了新的价值流和供应链，在许多国家的实践中是建立生态工业园，工业共生是生态工业园存在的重要基础（Sun et al，2017）。生态创新辅助企业管理取得竞争优势，工业共生对供应链网络实现双赢的地位做出了重大贡献（Tseng et al，2017）。

林业生态与产业生态协调是基于生态共生的关系，存在互利共生、偏利共生、互害共生三种模式（谢煜等，2014）。生态链与流通链共生对于提高木结构绿色供应链整体效益具有明显的促进作用（王亚典等，2017）。绿色贸易壁垒、市场风险、交易成本、木材供应及共同收益等是促使林纸低碳供应链共生的动力源泉（杨加猛等，2014），根据我国林纸一体化的固有特点，林纸一体化共生为探讨营林企业、制浆企业、经销企业等基本共生单元的共生协调运行机制提供理论依据，制浆造纸单元着力工艺改进，清洁生产，从苗圃到森林实现资源增值，促进价值链、资源量和生态链的可持续发展，形成林纸一体化共生发展机制（杨加猛等，2014）。在共生理性模式中，绿色供应链核心企业的绿色设计、生产和营销，共生单元及供应链整体利益都会提高（张智光，2014）。

1.2.3　Multi-Agent 在供应链管理中的应用研究

在传统商业中，交易磋商是一个耗时费力的过程，因而引入计算机手段辅助决策。近几年，在供应链管理中尝试应用智能代理和多代理系统，这种尝试在缩减磋商过程、降低成本（时间和资源消耗）、顾客满意度、供应链效率、减少库存控制等方面有了显著的改善（Mandic et al，2012）。在供应链多边协商机制中，运用 Multi-Agent 技术可以有效提高多边协商效率，促进企业效益提高（王溪，2017）。为了促进供应链各个企业内部能实现合理协调以及企业生产环节能实现合理分工协作，基于 Multi-Agent 把供应链分成三个层次，构建供应链三层模型并通过模型的合理运用，促进供应链管理效益的有效提高（陶巧云，2016）。

1. Multi-Agent 在供应链合作伙伴评价中的应用

对供应链企业来说，及时了解和不断修正对合作伙伴的评价非常重要。运用 Multi-Agent 技术构建能快速有效选择供应链信任合作伙伴并对合作关系的变化及时反映的评价模型（Wong et al，2010；牛倩倩等，2013），对于处于供应链中的制造商和销售商之间如何建立稳定的合作关系，设计了制造商和销售商博弈模型，引入计算实验方法构建供应链模型，通过对实验结果和演化博弈方法结论进行研究对比。对于供应链网络企业的竞争与合作关系来说，会在很大程度上受到企业合作的支付矩阵和初始合作比例的影响（熊伟清等，2015），可以利用多对多网络模型，进行实验分析，通过高水平的第三方监督可以有效促进稳定的合作关系的形成（Hogenboom et al，2015；沈霞红等，2014）。

基于 Multi-Agent 技术的供应链出现产销协同冲突时，可以通过协商有效解决。针对 Multi-Agent 协商的特殊性与复杂性，基于黑板模型的产销协同冲突自适应协商模型，能有效消解基于 Multi-Agent 技术的供应链出现的产销协同冲突（庞婷，2014）。合理运用本体技术构建协商本体，可以有效解决基于 Multi-Agent 电子商务供应链中出现的系统冲突问题，促进多 Agent 之间的有效协作（李翔，2013）。也可以运用 Multi-Agent 构建协同供应链系统，对于供应链上的节点企业来说，通过该系统的合理使用，可以实现对市场数据信息快速有效的反应（党小云，2013）。

有学者关注中小企业供应链管理问题，在对相关文献进行梳理分析的基础上，运用 Multi-Agent 技术构建了考虑相关风险因素在内的中小企业供应链管理系统，有助于中小企业实现高效的供应链管理（朱昌磊，2013）。也有学者把传统的供应链运作参考模型（SCOR）和 Multi-Agent 结合起来研究供应链管理问题（Medini et al，2014）。

2. Multi-Agent 在不同供应链的应用实践

目前 Multi-Agent 在不同行业供应链的实践总结较多，在对分布式 Multi-Agent 进行深入分析的基础上，融合运用 JADE 和 SpringMVC 技术，通过对汽车制造供应链的仿真实验，设计分布式 Multi-Agent 云仿真系统，以提高企业制造供应链的管理效益（韩玉萍，2016）；基于资金周转周期视角，将 Multi-Agent 技术结合智能算法等综合运用于电力供应链网络系统的构建中，以促进电力行业部门的协同工作，提高生产效率（张轶堃，2016）；运用 Multi-Agent 模拟仿真法国液化石油气供应链，以维护人员风险最小化为目标，从整体视角对维修活动的安全性进行了有效分析（Gallab et al，2017）；在研究了深圳中兴公司供应链的基础上，提出了通过提高信息共享以弱化多代理供应链中的"牛鞭效益"，从而可以实现多代理供应链整体运作效率的有效提高（李思寰等，2015）；针对汽车供应链的特点，运用 Multi-Agent 构建了其信息共享协同模式，并将该模式过程在 RePast 平台上进行仿真，得出通过合理运用该模式可以有效减少汽车供应链中存在的"牛鞭效益"（范英，2013）；以啤酒供应链为例，运用 Multi-Agent 构建了供应链模型，并使用 Swarm 平台进行供应链模型仿真，找出导致供应链中"牛鞭效益"产生的重要原因之一就是当订单和供货发生延迟时，需求发生变化，而供应链对此的反应存在明显滞后现象（马婷等，2014）；把 Multi-Agent 技术运用于港口动态供应链，在分析了协同形成机制、设计协同机制的基础上，通过对实际案例运用研究，指出通过在港口动态供应链中合理使用 Multi-Agent，可以有效优化其效率；运用 Multi-Agent 构建了汽车供应链系统，并通过研究指出：基于 Multi-Agent 技术的供应链成员间的协调关系是实现汽车供应链高效运转、解决矛盾冲突的关键因素（Avci et al，2016；陈启萍，2012）；对于总承包工程项目，可以通过运用 Multi-Agent 技术和黑板模型，促进供应链信息协同机制的形成，进而有效提高供应链协同管理效益（凤亚红，2012）；通过研究 Multi-Agent 和 AUML，在运用 Multi-Agent 和 AUML 基础上构建了第四方物流平台模型，通过合理运用该平台，制定出最佳物流方案，提高供应链物流效率（Zolfpour-Arokhlo et al，2013；葛世伦等，2012）；通过运用 Multi-Agent 技术构建有效协商系统，提高生鲜农产品供应链的管理效益。在对相关问题进行深入分析、算例求解的基础上，建立相应的效益评价体系，提供了可行性较强的方法思路（艾丹，2013）。

1.2.4 文献评述

综上所述，国内外学者关于绿色供应链管理、绿色供应链共生模式等的研究较多，且取得了丰硕的研究成果，为本书林—浆—纸广义绿色供应链共生模式的研究奠定了坚实的基础。但不难看出，国内外研究尚存在一定的提升空间，对一些内容并未较多关注。具体表现在以下几方面。

（1）林—浆—纸供应链因原料的特殊性决定其自身的绿色性，现有研究主要限于资源利用，没有涉及资源的人工培育、生态的人工恢复（张智光，2017）以及森林资源与供应链上的其他要素的绿色共生。关于供应链的研究有很多，但关于林—浆—纸供应链的研究相对较少，多集中于对林—浆—纸供应链模式、概念内涵以及实现路径等方面的研究，但是在如今绿色循环经济、绿色发展、生态文明建设等背景下，仅仅考虑林—浆—纸供应链尚不能适应新时代对废弃物重新利用的需求，而应该设想如何将废弃物转化为原材料，从"摇篮到摇篮"等。因此，还需将绿色发展、循环经济等理论运用于林—浆—纸供应链中来探讨林—浆—纸绿色供应链的模式、实现路径等。本书对林—浆—纸绿色供应链共生模式进行研究。

（2）原料来源是林—浆—纸供应链的生命线，原料供应的瓶颈问题在一般林—浆—纸供应链研究中没有得到根本性解决。已有研究中，张智光教授虽然研究了林业绿色供应链的模式，但是其未将绿色供应链的原料来源进行拓宽，在林业绿色供应链中，核心企业层的原料来源是多种多样的，应该探讨林—浆—纸绿色供应链的多层级原料来源。因此，本书对林—浆—纸绿色供应链的多层级原料来源进行研究。

（3）林—浆—纸绿色供应链的效益评价指标体系不完善，评价方法有待优化。现有研究多采用指标体系法，如 AHP 等来选取目标层、准则层和指标层等指标，但是 AHP 中的指标赋权是采取专家打分法来进行的，这具有一定的主观性，指标选取不当会对后面的效益评价结果产生较大的不确定性影响，亟须选取结构化方法来选取林—浆—纸绿色供应链模式效益评价的指标体系，降低主观性等。因此，本书用 ISM 结构化方法选取林—浆—纸绿色供应链共生模式效益评价的指标体系。

（4）林—浆—纸供应链节点企业的协作效率是供应链整体效益的关键要素，现有林—浆—纸绿色供应链研究涉及企业共生模式、原则等，但是对于其共生模式构建的依据欠考虑。本书对林—浆—纸绿色供应链共生模式进行多维度分析，并从多维度中选取两个最核心的维度构建林—浆—纸绿色供应链基本共生模式，实际上这也是研究林—浆—纸绿色供应链共生模式运行机制的理论基础。

（5）现有研究基本采用一般结构系统工程分析方法对林—浆—纸绿色供应链共生模式进行研究，没有考虑林—浆—纸绿色供应链原料来源的多元化、多层级。使用 Multi-Agent 技术对其运行机制进行分析能够充分反映林—浆—纸绿色供应链共生模式诸多要素的相互关系和作用，更能反映其系统和整体特性。一般结构系统工程分析方法较 Multi-Agent 而言，在研究多层级共生模式时存在一定的弱势。这些不足也是林—浆—纸绿色供应链研究中亟须解决的重要问题，本书解决以上不足，分别对林—浆—纸绿色供应链概念内涵比较、共生模式指标筛选、共生模式效益评价、最优共生模式选取及其 Multi-Agent 运行机制等进行分析。

1.3 研究目的与内容

1.3.1 研究目的

本书旨在以林—浆—纸为例，对广义绿色供应链基本共生模式选取、基本共生模式效益评价、最优共生模式选取及其 Multi-Agent 运行机制进行研究。第一，剖析林—浆—纸绿色供应链的发展现状与存在的问题，针对存在的问题，将绿色共生理论应用于林—浆—纸供应链中，并进一步对其拓展延伸提出林—浆—纸广义绿色供应链概念，提出"林—浆—纸广义绿色供应链"的思想；第二，根据"广义绿色供应链"的内涵，选取林—浆—纸广义绿色供应链共生系统内部要素并进行分析，且对其共生系统外部环境进行分析，建立林—浆—纸广义绿色供应链共生系统结构并对其运行机制进行分析；第三，基于两个核心维度——利益关系维度和共生媒介维度，构建林—浆—纸广义绿色供应链基本共生模式；第四，选取相关的指标体系，并搜集数据，对基本共生模式进行效益评价研究，然后根据效益评价结果选取最优共生模式；第五，运用 Multi-Agent 技术对最优共生模式进行运行机制研究；第六，以濮阳龙丰公司为例，进一步对以上研究内容进行验证。主要研究目的如下：

（1）区别林—浆—纸广义绿色供应链与一般绿色供应链的内涵、特性等。通过文献检索分析与实地调研等方式，区别林—浆—纸广义绿色供应链与一般绿色供应链的内涵、特性等。

（2）了解并发现林—浆—纸绿色供应链的发展现状与存在的问题。通过文献检索分析与实地调研等方式，对我国林—浆—纸绿色供应链实际生产应用进行全盘了解并发现其存在的问题。

（3）构建林—浆—纸广义绿色供应链基本共生模式。在对林—浆—纸广义绿色供应链共生体系架构与机制进行分析的基础上，基于核心维度构建林—浆—纸广义绿色供应链基本共生模式。

（4）筛选并设计林—浆—纸广义绿色供应链最优共生模式。在构建林—浆—纸广义绿色供应链的基本共生模式基础上，运用模糊综合评价法对林—浆—纸广义绿色供应链基本共生模式的效益进行评价以筛选出最优共生模式。

（5）揭示林—浆—纸广义绿色供应链最优共生模式的 Multi-Agent 运行机制。在运用模糊评价法对林—浆—纸绿色供应链共生的备选模式进行效益评价并筛选出最佳方案的基础上，探索林—浆—纸绿色供应链最优共生模式的系统结构及其 Multi-Agent 运行机制。

1.3.2 研究内容

本书主要研究内容如下：

（1）对林—浆—纸绿色供应链的实际发展现状进行分析，对其存在问题进行揭示。通过文献检索分析与实地调研等方式，分析我国林—浆—纸广义绿色供应链的发展现状，并发现其在实际生产中存在的问题等。

（2）对林—浆—纸广义绿色供应链与一般绿色供应链进行比较。通过文献检索分析与实地调研等方式，比较分析林—浆—纸广义绿色供应链与一般绿色供应链的内涵、特性等。

（3）对林—浆—纸广义绿色供应链的共生体系架构与机制进行分析。

在对林—浆—纸广义绿色供应链的实际发展现状进行分析与存在问题进行揭示的基础上,对林—浆—纸广义绿色供应链的共生单元、共生环境、共生体系等进行分析,据此架构林—浆—纸广义绿色供应链的共生系统,并就其运行机制进行分析。

(4)对林—浆—纸广义绿色供应链基本共生模式进行构建。在对林—浆—纸广义绿色供应链的共生体系架构与机制进行分析的基础上,基于多维视角中的二维核心维度,进一步构建林—浆—纸广义绿色供应链基本共生模式,为后续对基本共生模式的效益评价奠定基础。

(5)对林—浆—纸广义绿色供应链基本共生模式的效益进行评价。在构建林—浆—纸广义绿色供应链基本共生模式的基础上,运用模糊综合评价法对林—浆—纸广义绿色供应链基本共生模式的效益进行评价,为后续筛选最优共生模式奠定基础。

(6)对林—浆—纸广义绿色供应链最优共生模式进行筛选与Multi-Agent运行机制进行研究。在对林—浆—纸广义绿色供应链基本共生模式进行效益评价的基础上,根据效益评价结果筛选并详细设计了最优共生模式,并利用Multi-Agent技术对其运行机制进行分析。

(7)将林—浆—纸广义绿色供应链最优模式应用于濮阳龙丰公司林—浆—纸一体化运作中,并对其管理运行效益进行优化。梳理了濮阳龙丰公司林—浆—纸一体化的发展现状,找出其存在的问题,从而提出龙丰公司林—浆—纸广义绿色供应链的内涵与战略目标。在此基础上,构建了龙丰公司林—浆—纸广义绿色供应链的共生模式,并对这些模式进行评价,提出龙丰公司林—浆—纸广义绿色供应链的网络结构模式和层次结构模式。

其中,第(4)、(5)和(6)研究内容是本书解决的主要关键性难题,其余为一般基础性问题。

1.4 研究方法与技术路线

1.4.1 研究思路

本书采取"系统分析—系统评价—系统综合"的研究思路,沿袭"提出问题—分析问题—解决问题"的研究范式,根据以上研究目的、研究内容等，本书具体研究思路如下：第一，界定了"广义绿色供应链"的内涵，并就其概念及特性与传统绿色供应链进行比较分析；第二，依次分析了林—浆—纸广义绿色供应链共生系统的内部要素和外部环境，进而构建了林—浆—纸广义绿色供应链共生系统结构，并对其运行机制进行了分析；第三，分析了林—浆—纸广义绿色供应链共生系统的六个维度，并从六个维度中选取两个核心维度，根据两个核心维度选取了林—浆—纸广义绿色供应链的四个基本共生模式；第四，基于四个基本共生模式选取相关指标和数据，运用模糊综合评价法对四个基本共生模式的效益进行了评价，并根据效益评价结果筛选并详细设计了最优共生模式；第五，运用Multi-Agent技术对最优共生模式的运行机制进行了分析；第六，以濮阳龙丰公司为例，进行应用研究。

1.4.2 研究方法

正如"研究内容"所述，研究内容中的第（4）、（5）、（6）条是本书遇到且解决的主要关键性难题，下面再具体阐述。

（1）如何识别林—浆—纸广义绿色供应链的共生要素、共生单元、共生环境等？又是如何构建林—浆—纸广义绿色供应链基本共生模式？

（2）如何科学选取林—浆—纸广义绿色供应链基本共生模式的效益评价指标？采取何种方法对林—浆—纸广义绿色供应链基本共生模式的效益进行评价？

（3）根据何种标准筛选出林—浆—纸广义绿色供应链的最优共生模式？林—浆—纸广义绿色供应链最优共生模式的运作机制又如何？

针对以上亟须解决的关键性难题，采取以下研究方法有针对性地解决遇到的这些难题。

【方法1】针对难题（1），采取系统分析方法，将林—浆—纸广义绿色供应链作为一个复杂的大系统来考虑，每个生产企业即为共生单元，企业间的关系即为系统要素的作用关系或机制。

【方法2】针对难题（2），首先将效益分为资源效益、价值效益和生态效益三类，然后通过向有关专家咨询、座谈以及专家打分等方式，经过多次修改、反复权衡来选取能够表征林—浆—纸广义绿色供应链特性的指标体系，最后运用模糊综合评价法对林—浆—纸广义绿色供应链基本共生模式的效益进行评价。

【方法3】针对难题(3)，根据效益评价结果，综合考虑三种效益的综合得分来选取最优林—浆—纸广义绿色供应链共生模式，并再次运用系统分析方法，同时辅以实地调研、专家咨询等理论与实践相结合的方法，对最优模式的运行机制进行分析。

1.4.3 技术路线

根据如上所述的研究思路，本书采取的具体路线如图1-1所示。在图1-1中，本书大体按照"发现问题—提出问题—分析问题—解决问题"以及"系统分析—系统评价—系统综合"的研究范式。

(1) 在系统分析这一方面：在文献检索分析与实地调研的基础上，揭示目前林—浆—纸供应链的发展现状，并发现林—浆—纸供应链存在的问题，进而提出林—浆—纸广义绿色供应链的思想。在提出了林—浆—纸广义绿色供应链的思想后，就需要对其共生系统的内部要素与外部环境进行分析，在此基础上，构建林—浆—纸广义绿色供应链共生系统结构，并对系统结构进行机制分析。在机制分析的基础上，设计林—浆—纸广义绿色供应链共生模式。

(2) 在系统评价这一方面：首先根据系统分析设计林—浆—纸广义绿色供应链的几种共生模式，然后运用模糊综合评价法，选取相关指标，运用相关数据进行效益评价分析，并根据效益评价结果筛选最优共生模式，最后再对最优共生模式进行详细设计等。

(3) 在系统综合这一方面：根据已经选取的最优共生模式，利用Multi-Agent系统结构对最优共生模式的运行机制进行分析，包括基于Multi-Agent的广义绿色供应链总结构、基于Multi-Agent的广义绿色供应链子结构以及核心层、紧密层/协作层、松散层、协同层、整体层次的Multi-Agent系统运行机制；此外，还专门对核心层多维共生机制的多目标、多维生产计划决策机制、核心层生产计划决策模型、核心层生产计划决策模型的仿真结果等进行研究；最后以龙丰公司为例，对其林—浆—纸广义绿色供应链共生模式进行了研究，进一步对以上研究内容进行验证。

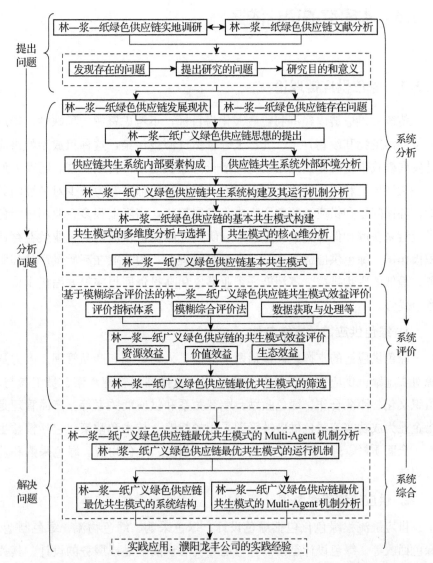

图 1-1 技术路线：林—浆—纸广义绿色供应链共生模式效益评价及优化方法技术体系

Fig. 1-1 Research technology map: The technical system of performance evaluation and optimization of the symbiosis modes of broad green supply chain for forestry-pulp-paper

1.5 本研究的理论依据

1.5.1 绿色供应链理论

传统的供应链以经济利益最大化为目标,不考虑资源的稀缺性,排放大量的污染物和废物,水、气、土等自然资源被污染,这种粗放型的供应链发展模式带来的必然只是数量的增长而非长远的可持续发展。随着人们日益关注环境和气候变化,世界各国政府和组织都在努力减少对环境的影响,环保问题和供应链的整合已成为发展趋势,国际上很多企业利用绿色供应链来获取和保持竞争优势,大量研究证明绿色供应链对企业效益存在积极作用。绿色供应链管理是一个组织的理念,为企业在高质量产品和服务、最低的废物排放、零污染、企业形象和高投资回报率等方面提供持续竞争优势。

1. 绿色供应链的支撑条件

绿色供应链的支撑条件包括两个方面:人力资源和产品管理。人力资源对实施绿色供应链管理具有重要影响,包括高层管理承诺、员工参与、组织文化、团队合作、绿色激励、顾客关系和供应商关系等。产品管理是指企业为成功实施绿色供应链管理采用的战略、技术和政策,包括精益生产、全面质量管理、清洁生产技术、产品创新、绿色物流、绿色采购和监管规范。

2. 供应链流程绿色化

供应链流程绿色化包括绿色设计、绿色采购、绿色物流、绿色制造、绿色回收等。绿色设计是指具有一定环境意识的产品或服务的设计,其关键在于需要系统地考虑设计问题,例如废物管理、资源节约和环境污染。绿色采购强调通过原材料的环境采购、废物的减少、有害物质的减量化等措施来减少废物的产生、材料的替代量,供应商的参与和支持对于实现这些目标至关重要。绿色物流包括运输和仓储,运输是造成污染的主要因素之一,为了实现可持续性,运输的绿色化是运输公司或第三方物流服务提供商面临的主要挑战之一。绿色制造是在不利于人体健康和环境的有害物质的排放量最小化、不损害产品质量的前提下，将原材料转化为所需产品的活动的集合。

3. 绿色供应链效益

整体而言，绿色供应链效益包括资源效益、价值效益和生态效益。资源效益指的是降低材料成本，使用节能高效的原材料，重复使用或回收材料，减少对环境有害的温室气体和废弃污染物的排放；价值效益指的是企业通过生产运作所实现的最大化利润和价值；生态效益指的是减少产品对环境的影响。

4. 林—浆—纸绿色供应链的发展

纸浆和纸对自然木材资源的需求巨大，但每一个生产过程如森林采伐、制浆、造纸都对森林资源、生物多样性产生了较大的负面影响，如制浆造纸不仅是耗水大户，同时废水的排放污染了周围水体，从而引起生态失衡，而且对生活在企业附近的居民的健康产生威胁。林—浆—纸供应链虽然在原料环节具有绿色化的天然优势，但在生产制造环节却长期处于环境劣势。资源培育环节应在不降低地方的生态环境前提下保证制浆造纸企业的原料供应，将木材原料按直径大小、树木种类分别投入不同产业，充分利用木材资源，在原料生产供应环节做到废弃物的零排放。同时，制浆造纸企业应持续关注人工速生林的经营与管理。木材原料的特殊性使得其在运输过程中会产生木屑灰尘，因此一方面应尽量使木片生产企业靠近原料基地，另一方面应利用全封闭的运输车辆降低污染。利用国内外先进的制浆造纸技术和绿色的化工原料，降低资源和能源消耗，推行纸浆和纸产品的清洁生产，促进原料的重复利用，一部分废弃物如蒸汽进入相关产业如热电等作为原料输入，形成共生关系，减少废弃物的对外排放量。

1.5.2 共生理论

共生理论最早出现在生物学研究中，随着学者对共生理论的深化研究，发现共生现象不仅存在于自然界，也存在于社会经济系统不同主体的竞合关系中。

1. 生物学范畴的共生

达尔文提出"适者生存"，竞争是生命得以延续的源动力，但是物种之间除了竞争，还有合作。这种合作在生物学中被称为共生，共生是无处不在的，其对地球上的生命进化产生了巨大的影响。内共生导致第一个真核细胞的生成，真核生物与生命的其他主体相互作用，形成持久和必要的关系。共生现象常见于植物、动物及其细胞中，多应用于对地衣真菌体共生问题的研究。1879年，德国生物学家德贝里（Anton de Bary）提出了"共生"概念——主体和共生体之间存在共生互补关系。在共生系统中，不同生物的生长和发展要协调共生，否则就会瓦解。1884年，德贝里描述了生物间不同的共生方式，如共生与非共生、寄生与共生等。自然界中，生物种群往往都不是独立生存的，为了提高存活概率，与其他生物种群都会存在能量、资源等的共享或交换，并与其他生物种群协同进化，这种不同生物种群之间的协同进化被研究者定义成了互惠共生或寄生。根据生物物种各自承载能力的非线性相互影响，共生关系可以分为被动共生、主动共生和混合共生，共生的两种物种可能存在三种情况：两种群的无限生长；一种群的生长，另一种群的消灭；永久的种群振荡。

2. 工业共生

随着共生理论的发展和深入研究，共生理论在医学、社会学、经济学、管理学等领域也存在着高度的契合性而被引进。工业共生是工业生态学的一个重要分支，有利于转化工业对环境产生的负面影响，将剩余能量、废弃的副产物、水蒸气、废弃物资源化，实现对资源的节约和对环境的保护。因此，对废弃物提出了另一种含义：它不是一种无用的、污染的、昂贵的元素，而是一种可以重新融入经济周期的新资源。在环境规则的压力下，降低原材料成本、废弃物处理成本等经济利益驱动工业共生，技术改进和创新为工业共生体的发展创造了可行路径。在20世纪70年代，来自不同行业的企业在卡伦堡市（丹麦）开始深入的相互合作来降低成本，加强废弃物管理：一家工厂生产过程中产生的废弃物或副产品是另一家工厂的原料，从而实现对环境影响的最小化，并成了最为典型、知名度最高的共生理论实践。

工业共生是企业之间的合作伙伴关系，资源、物质、能源副产品在共生体内交换，并导致更清洁的生产过程和更有效的资源利用，具有经济效益和环境效益。工业共生为在不牺牲环境质量的前提下发展经济提供了可行途径。工业共生系统是同类产业不同企业或不同产业但有经济联系的企业之间因某种机制构成的融合、互动和协调发展状态，信任和知识扩散等使共生系统内的总体资源得到最优化利用。工业共生具有如下特性：一是共生的融合性，关注创新及其价值增值过程中共生企业的业务连接关系，以价值共创为基本前提；二是共生的循环性，具有循环经济的资源使用特征；三是共生的关联性，即上下游企业的"食物链"；四是共生的增值性，工业共生体的目标是在减少污染、节约资源、保护环境的基础上实现互利与共赢，取得增值效益。

3. 绿色供应链共生

绿色供应链共生是在竞争、合作的市场环境下，由绿色供应链上的一些相对独立的实体企业为了实现经济、社会和环境持续发展的共同目标而组成的利益共生体，每个企业在各自的优势领域，如原料生产、制造、销售等为共生体贡献核心能力，在绿色供应链共生系统的内部要素与外部环境的关联作用下实现优势互补、风险共担和利益共享。在绿色供应链共生系统中，能源和材料的消耗将得到优化，废物的产生将被最小化，一个过程中的废物和副产品将作为其他过程的原料。绿色供应链共生体中的公司之间的交流可以减少副产品、排放物和废物对环境的影响，下游公司可以利用上游公司的这些产出作为原材料，从而增加这些资源的再利用或再循环。

林—浆—纸绿色供应链中的林业资源与制浆造纸企业之间应是共生关系，而不是竞争关系。从共生理论视角看，林—浆—纸绿色供应链是一个共生体，共生单元由供应链中的各个相互关联、协同作用的节点企业组成。作为林—浆—纸绿色供应链起点的林业资源，不仅要发挥其生态效益，同时还要最大化利用其资源。制浆造纸企业生产过程中产生的副产品、废弃物等应充分利用，作为其他关联企业和原料基地的投入，同时纸产品消费后重新利用作为原材料投入再生产过程，实现真正的无害化、闭环生产。林—浆—纸绿色供应链中各节点企业在共同的共生环境中，为提升整体供应链的核心竞争优势，以对称或非对称的共生关系模式协同处于不同节点的共生单元。

制浆造纸企业与营林企业从单纯依赖森林资源提供的原材料变为日益密切的双向依存关系，制浆造纸企业与营林企业共生关系的构建与优化是发挥林业经济和生态双重功能的保障机制。林—浆—纸绿色供应链共生企业之间存在着正向和负向的相互作用，它们之间的共生关系可以降低供应链的内部能量损耗，有利于绿色供应链成员的协作配合。共生理论为我们研究如何增强林—浆—纸广义绿色供应链的整体竞争力、保持供应链的相对稳定性、促进供应链成员企业的协同发展提供了较好的方法论。

1.5.3 绿色发展理论

绿色发展是在传统发展模式上的创新，与重数量增长、高消耗、高污染的粗放外延式的传统发展模式显著不同的是，绿色发展以人类经济社会发展与生态建设的统一、协调为核心，强调和谐的、高效率的、可持续的发展模式。当前，越来越多的国家重视并推行绿色发展，绿色发展已成为世界经济、社会发展的重要趋势。不但是发达国家，不少发展中国家也日益重视且积极发展绿色产业，把绿色产业视作调整、优化经济结构的重要举措。习近平在"十三五"发展目标中明确提出的要牢固树立、贯彻的五大发展理念之一正是绿色发展。绿色发展要求我们不管是个人、家庭还是公司、政府，都应树立并贯彻绿色发展观，从方方面面注重节能减排，提倡低碳经济，推动国内经济、社会、生态的高效、和谐、可持续发展。

1. 绿色理念的提出

由于传统发展模式存在的种种问题，伴随着人们的不断质疑和对生产、生活方式的不断反省，绿色理念提出至今，已过去五十多年了。1962年，美国人卡逊最早反思了工业发展对环境资源造成的破坏。1972年，罗巴俱乐部在《增长的极限》里对西方国家的工业发展模式质疑，认为这种发展模式是高污染、高消耗的，难以实现可持续发展。但是，我们可以看到，这一时期的绿色理念较为简单，主要关注的是污染的末端治理。

1987年，世界环境和发展委员会指出，在减少排污的同时，更为关键的是要通过开发和利用新资源来提高对现有资源的有效利用。1989年，有关绿色经济的正式解释出现在《绿色经济蓝图》中，文中指出，可持续发展应当建立在经济发展、环境保护统一协调的基础上。

近些年来，由于世界整体经济环境不景气以及气候环境变化日趋严峻，对此，美欧等发达国家大力发展绿色经济，布局绿色发展战略。同时，不少发展中国家也逐渐意识到绿色发展的重要性，积极推动绿色产业的发展。

2. 绿色发展的基本内涵

绿色发展通过发展绿色产业来增值绿色资产、提高绿色福利、促进人与自然的协调发展，实现经济、社会、生态的可持续发展。绿色发展是以生态、资源的容量和承载力为前提并受其约束，重视环境保护，强调可持续发展的重要内容和支柱正是环境保护。绿色发展的内涵具体体现在以下三方面：

一是环境资源是其内在要素和客观基础。传统的经济、社会发展模式会导致资源的消耗和环境的污染，环境资源是绿色发展模式的重要内在要素，和谐可持续的生态建设是绿色发展的基础，绿色发展必须充分考虑当前生态环境容量是否能支撑并推动经济、社会发展以及当前资源的承载力情况，生态、资源构成绿色发展的重要约束条件。

二是经济、社会与生态建设统一协调的可持续发展是其基本目标。绿色发展是实现可持续发展的重要途径，它强调人与自然和谐发展，不但要节约资源、不断改善资源利用方式，还要注重生态的保护和建设，把经济、社会发展和生态建设真正密切联系起来，实现三者统一协调发展，最终实现经济、社会与生态的可持续发展。

三是绿色化、生态化的经济活动是其主要途径。从理论和实践方面来看，绿色发展可以看成是可持续发展的进一步深化和提升，与一般意义上的可持续发展着重当前生态环境保护有所不同，绿色发展在提倡保护当前生态环境的同时，更要通过发展绿色产业，通过绿色化、生态化的经济活动的开展，来实现绿色资产的增值；通过不断的绿色投入，不断提升人们的绿色福利。

3. 林—浆—纸供应链的绿色发展

绿色发展为林—浆—纸绿色供应链突破资源环境瓶颈、实现可持续发展提供了实施路径。绿色发展在强调生态保护的同时，大力发展绿色新兴产业：一方面，它强调资源的有效节约与保护；另一方面，它强调通过绿色化、生态化的经济活动来实现绿色资产的增值。双管齐下，对林—浆—纸绿色供应链突破资源环境瓶颈、实现可持续发展有着重要作用。同时，绿色发展是一种可持续发展模式，它强调绿色科技、推行绿色生产、发展绿色产业等，对于林—浆—纸绿色供应链结构的优化调整有着积极促进作用。气候环境的日益恶化和传统经济发展模式有着直接联系，传统的制浆造纸业发展是环境、生态污染的罪魁祸首。绿色发展理论作为一种全新的经济增长模式，要求经济社会和生态发展的全面协调，从而实现生态经济的最优化发展。基于此，通过发展绿色经济，可以有效改善林—浆—纸绿色供应链的生态环境效益。

2 林—浆—纸绿色供应链发展现状与存在的问题分析

根据本书研究目的和研究内容，本章对林—浆—纸绿色供应链发展现状与存在问题进行分析，为后续"广义绿色供应链"思想的提出奠定基础。本章内容具体安排如下：首先，在文献分析与实地调研的基础上，揭示当前林—浆—纸绿色供应链的发展现状；其次，在现状剖析的基础上，进一步发现林—浆—纸绿色供应链存在的问题。后续"广义绿色供应链"思想正是针对当前林—浆—纸绿色供应链存在的问题而提出的。

2.1 林—浆—纸绿色供应链发展现状

通过实地调研、集体座谈、个人访谈等方式，本课题组深入基层制浆造纸企业来了解目前林—浆—纸绿色供应链的实践发展现状。在查阅文献的基础上，经实践调研了解，目前，林—浆—纸绿色供应链的实践发展现状主要体现在以下几方面。

2.1.1 林纸一体化进程不断加快

制浆造纸工业依赖于一个长期而完整的供应链，按国际经验，林浆纸一体化是目前最好的选择，起始于森林资源，到木材加工成纸浆，再到造纸转换成纸制品，最终完成纸浆和纸产品的市场销售。与其他制造业相比，原料供应的不确定性增加了供应链的复杂性。纤维素在纸张的质量含量比通常大于80%，而且纤维素本身的性质决定了纸的性能。从目前国际经验看，木材是制浆造纸工业最好的原料来源，有实力、具有一定规模的制浆造纸企业大多选择后向一体化。绿色、循环经济是林浆纸一体化的核心主题。森林资源丰裕的国家如巴西、芬兰、瑞典的制浆造纸企业大多有自营林，巴西的 Votorantim Celulose Papel、Aracmz Celulose，芬兰、瑞典的 Storaenso 的原料来源基本依靠自营林基地。

我国到 20 世纪 90 年代中期确立了林—浆—纸一体化发展战略，改变了早期草浆为主的局面，打破了林纸分离的格局，海南是全国"林浆纸一体化"项目起步较早的省份之一。为解决我国制浆造纸工业木材原料供应匮乏难题，通过优化原料结构降低制浆造纸对环境的负面影响，我国自 2001 年起出台了多项政策促进造纸工业原料林基地的建设。国内的制浆造纸公司如山东晨鸣纸业集团股份有限公司、华泰集团有限公司，以及国际公司如隶属金光集团的亚洲浆纸业有限公司（简称 APP，Asia Pulp and Paper Limited Company），林纸一体化模式进行得最早。后来，福建南纸、湖南泰格等诸多制浆造纸企业为满足本企业的制浆原材料需要，推进林纸一体化经营，也开始了"圈地造林"运动，林纸一体化基地建设取得了新进展。木材纤维是制浆造纸企业的生命线，决定了纸及纸板的品质，为了获得稳定的木材纤维原料，制浆造纸企业大力发展纸浆林，集营林、制浆、造纸为一体。

根据《中国造纸协会关于造纸工业"十三五"发展的意见》，预计到 2020 年，我国木浆与废纸浆、非木浆的结构比为 28.6%：65.0%：6.4%。2017 年 5 月，国家林业局联合国家发改委等多个部门联合印发了《林业产业发展"十三五"规划》和《林业发展"十三五"规划》，其中就明确提出了"优化产业布局，合理配置资源，鼓励和推动林纸一体化发展"，可见党和国家政府对林纸一体化建设的重视程度。2000—2016 年，17 年的时间里，造纸工业的固定资产投资额高达 9.15 万亿元，年均增长近 11%，如图 2-1 所示，在国家天然林全面禁伐、进口废纸管理日趋严格的背景下，原料是制浆造纸企业的生命线，因而企业资金会有较大比例投入营林业。

表 2-1 是 2016 年重点造纸企业产量前 30 名企业，大部分造纸企业 2016 年产量较 2015 年均有所增长。可见，由于政府政策的实行，且这些造纸企业大部分均已经实现了林纸一体化运作模式，所以林纸一体化在不断加快步伐以适应经济的发展。

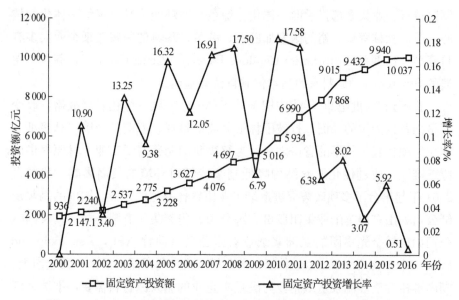

图 2-1　2000—2016 年全国制浆造纸企业固定资产投资额和增长率情况

Fig. 2-1　The situation of the fixed asset investment and their growth rate for national pulp and paper enterprises from 2000 to 2016

表 2-1　2016 年重点造纸企业产量前 30 名企业

Tab. 2-1　The top thirty key papering enterprises production quantity in 2016

序号	单位名称	产量/万 t		同比增长百分比/%
		2015 年	2016 年	
1	玖龙纸业（控股）有限公司	1 263.00	1331.00	5.38
2	理文造纸有限公司	519.45	543.13	4.56
3	山东晨鸣纸业集团股份有限公司	418.00	442.55	5.87
4	山东太阳控股集团有限公司	313.88	378.93	20.72
5	安徽山鹰纸业股份有限公司	294.00	354.00	20.41
6	华泰集团有限公司	307.98	318.65	3.46
7	福建联盛纸业	232.00	235.00	1.29
8	中国纸业投资有限公司	222.10	234.00	5.36
9	宁波中华纸业有限公司	199.31	223.90	12.34
10	金东纸业（江苏）股份有限公司	203.38	207.73	2.14

续表

序号	单位名称	产量/万 t		同比增长百分比/%
		2015年	2016年	
11	山东博汇纸业股份有限公司	181.00	197.85	9.31
12	江苏荣成环保科技股份有限公司	160.83	189.53	17.84
13	东莞建晖纸业有限公司	135.43	143.00	5.59
14	浙江景兴纸业股份有限公司	123.11	131.00	6.41
15	金红叶纸业集团有限公司	123.66	129.34	4.59
16	山东世纪阳光纸业集团有限公司	113.79	124.61	9.51
17	海南金海浆纸业有限公司	107.69	108.85	1.08
18	东莞金洲纸业有限公司	85.27	105.91	24.21
19	芬欧汇川（中国）有限公司	89.50	100.00	11.73
20	山东泉林纸业有限责任公司	77.37	93.06	20.28
21	浙江永正控股有限公司	105.59	83.90	−20.54
22	新乡新亚纸业集团股份有限公司	68.59	75.86	10.60
23	武汉金凤凰纸业有限公司	47.30	73.22	54.80
24	浙江新胜大控股集团有限公司	—	70.99	—
25	金华盛纸业（苏州工业园区）有限公司	62.80	62.60	−0.32
26	大河纸业有限公司	62.00	59.32	−4.32
27	山东贵和显星纸业有限公司	55.83	57.59	3.15
28	广州造纸集团有限公司	53.50	50.50	−5.61
29	山东恒联投资有限公司	41.75	50.29	20.46
30	亚太森博（广东）纸业有限公司	49.20	50.00	1.63

资料来源：《中国造纸工业2016年度报告》。

2.1.2 原料来源结构有所改善

自林纸一体化实施以来，林纸一体化原料发生了巨大改善。如图2-2所示，2001年造纸用浆总量为2 980万 t，比2000年2 790万 t增长6.8%，其中木浆用量690万 t，比2000年535万 t增长29.0%，占总量的23%；废纸浆用量1 310万 t，比2000年1 140万 t增长14.9%，占总量的44%；非木浆用量980万 t，比2000年1 115万 t减少12.1%，占总量33%。

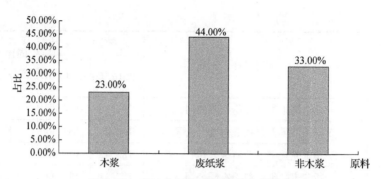

图 2-2　2001 年制浆造纸原料占比情况
Fig. 2-2　The proportion of pulp and paper raw material in 2001

2016 年全国纸浆消耗总量为 9 797 万 t，是 2001 年的 3.29 倍。纸浆消耗的构成如图 2-3 所示，其中木浆 2 877 万 t，废纸浆 6 329 万 t，非木浆 591 万 t，分别占纸浆消耗总量的 29％、65％、6％。木浆增长速度高于纸浆总消耗，是 2001 年的 4.17 倍，其中进口木浆占 19％、国产木浆占 10％，相比发达国家，我国纸浆消耗中木浆占比过低。

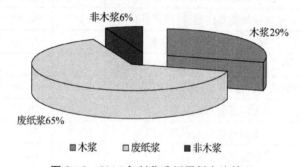

图 2-3　2016 年制浆造纸原料占比情况
Fig. 2-3　The proportion of pulp and paper raw material in 2016

若全国继续推进"林纸一体化"专项规划的实施，据有关专家预计，到 2020 年，我国木浆比例维持在 29％，国产木浆比例由 2016 年的 10％增至 10.5％；废纸浆比例维持在 65％，废纸浆消耗量增加 670 万 t，废纸利用量增加 750 万 t；非木浆产量维持在 600 万 t 左右。

2.1.3　产成品种类趋于多样化

林纸一体化模式从 20 世纪 80 年代兴起，经过一段时间的发展，其产品逐渐趋于多样化，纸产品的多样化可以满足顾客的多样化需求，在林纸一体化基地的建设过程中，林纸一体化产品逐渐趋于多样化。如在2001年纸产品就已经包括新闻纸、未涂布印刷纸、涂布印刷纸、生活用纸、包装用纸、白板纸、箱纸板、瓦楞原纸、特种纸及纸板9种类型的纸产品（见表2-2）。

表2-2 2000年、2001年中国造纸工业主要产品生产量

Tab. 2-2 The main production volume of China's papering industry in 2001

品种	2000年/万t	2001年/万t	同比增长百分比/%
1. 新闻纸	145	173	19.31
2. 未涂布印刷书写纸	660	670	1.51
3. 涂布印刷纸	110	130	18.18
4. 生活用纸	250	270	8.00
5. 包装用纸	400	400	0
6. 白纸板	280	300	7.14
7. 箱纸板	400	460	15.00
8. 瓦楞原纸	570	600	5.26
9. 特种纸及纸板	60	65	8.33

资料来源：《中国造纸工业2001年度报告》。

到了2016年，纸产品仍然覆盖新闻纸、未涂布印刷书写纸、涂布印刷纸、生活用纸、包装用纸、白板纸、箱纸板、瓦楞原纸、特种纸及纸板等9种类型（见表2-3），在以前基础上对纸产品进行加工改良等。

表2-3 2015年、2016年中国造纸工业主要产品生产量

Tab. 2-3 The main production volume of China's papering industry in 2016

品种	2015年/万t	2016年/万t	同比增长百分比/%
1. 新闻纸	295	260	−11.86
2. 未涂布印刷书写纸	1 745	1 770	1.43
3. 涂布印刷纸	770	755	−1.95
4. 生活用纸	885	920	3.95
5. 包装用纸	665	675	1.50

续表

品种	2015年/万t	2016年/万t	同比增长百分比/%
6. 白板纸	1 400	1 405	0.36
7. 箱纸板	2 245	2 305	2.67
8. 瓦楞原纸	2 225	2 270	2.02
9. 特种纸及纸板	265	280	5.66

资料来源：《中国造纸工业2016年度报告》。

2.1.4 产成品进出口持续扩大

进出口变化量是林—浆—纸绿色供应链产品国际贸易形势。在2000年和2001年，中国纸浆、废纸、纸及纸板、纸制品进出口情况如表2-4和表2-5所示。到了2015年和2016年，进出口逐渐扩大，见表2-6和表2-7，表明中国林—浆—纸绿色供应链的国际贸易能力越来越强。

表2-4 2000年及2001年中国纸浆、废纸、纸及纸板、纸制品进口情况

Tab. 2-4 Chinese pulp, waste paper, paper and cardboard, paper products import status in 2000 and 2001

品种	2000年/万t	2001年/万t	同比增长/%
一、纸浆	334.51	490.38	46.60
二、废纸	371.36	641.91	72.85
三、纸及纸板	597.14	558.67	−6.44
1. 新闻纸	21.07	15.37	−27.05
2. 未涂布印刷书写纸	23.91	24.39	2.01
3. 涂布印刷纸	109.24	100.12	−8.35
4. 生活用纸	3.37	2.98	−11.57
5. 包装用纸	71.45	66.95	−6.30
6. 白纸板	104.51	98.70	−5.56
7. 箱板纸	111.65	86.34	−22.67
8. 瓦楞原纸	103.86	117.87	13.49
四、纸制品	34.04	28.07	−17.54

资料来源：《中国造纸工业2000和2001年度报告》。

表 2–5 2000 年及 2001 年中国纸浆、废纸、纸及纸板、纸制品出口情况
Tab. 2–5 Chinese pulp, waster paper, paper and cardboard,
paper products export status in 2000 and 2001

品种	2000 年/万 t	2001 年/万 t	同比增长/%
一、纸浆	2.55	1.26	−50.59
二、废纸	0.46	0.09	−80.43
三、纸及纸板	71.83	76.24	6.14
1. 新闻纸	0.24	1.85	670.83
2. 未涂布印刷书写纸	34.03	27.79	−18.34
3. 涂布印刷纸	10.92	17.60	61.17
4. 生活用纸	9.76	12.48	27.87
5. 包装用纸	0.74	1.23	66.22
6. 白纸板	0.83	2.55	207.23
7. 箱板纸	0.69	0.81	17.39
8. 瓦楞原纸	5.23	3.14	−39.96
四、纸制品	74.47	77.05	3.46

资料来源：《中国造纸工业 2000 和 2001 年度报告》。

表 2–6 2015 年及 2016 年中国纸浆、废纸、纸及纸板、纸制品进口情况
Tab. 2–6 Chinese pulp, waster paper, paper and cardboard,
paper products import status in 2015 and 2016

品种	2015 年/万 t	2016 年/万 t	同比增长/%
一、纸浆	1 984	2 106	6.15
二、废纸	2 928	2 850	−2.66
三、纸及纸板	287	297	3.48
1. 新闻纸	6	6	0
2. 未涂布印刷书写纸	37	41	10.81
3. 涂布印刷纸	34	35	2.94

续表

品种	2015年/万t	2016年/万t	同比增长/%
4. 生活用纸	26	26	0
5. 包装用纸	21	21	0
6. 白纸板	61	58	−4.92
7. 箱板纸	84	94	11.90
8. 瓦楞原纸	9	8	−11.11
四、纸制品	12	12	0

资料来源：《中国造纸工业2015和2016年度报告》。

表 2−7 2015年及2016年中国纸浆、废纸、纸及纸板、纸制品出口情况

Tab. 2−7 Chinese pulp, waster paper, paper and cardboard, paper products export status in 2015 and 2016

品种	2015年/万t	2016年/万t	同比增长/%
一、纸浆	10.20	9.57	−6.18
二、废纸	0.07	0.23	228.57
三、纸及纸板	645	733	13.64
1. 新闻纸	2	1	−50.00
2. 未涂布印刷书写纸	102	122	19.61
3. 涂布印刷纸	162	181	11.73
4. 生活用纸	71	69	−2.82
5. 包装用纸	5	7	40.00
6. 白板纸	162	198	22.22
7. 箱纸板	32	35	9.38
8. 瓦楞原纸	6	7	16.67
9. 特种纸及纸板	74	81	9.46
四、纸制品	284	291	2.46

资料来源：《中国造纸工业2015和2016年度报告》。

2.1.5 环境友好性逐渐改善

根据《中华人民共和国国民经济和社会发展第十三个五年规划纲要》的规划目标，制浆造纸企业在"十三五"期间要实现全社会万元 GDP 用水量下降 23%，单位 GDP 能源消耗降低 15%，主要污染物 COD、氨氮排放总量减少 10%，SO_2、NO_x 排放总量减少 15% 的社会发展目标。2015 年我国造纸企业万元工业产值的 COD 排放量为 4.7 kg，只有 1998 年 462 kg 的 1%，如图 2-4 所示，2002—2015 年，造纸企业万元工业产值的 COD 排放量逐年降低。

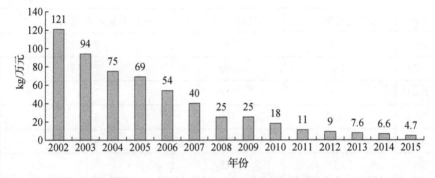

图 2-4 万元工业产值化学需氧量排放强度

Fig. 2-4 COD emission intensity of industrial output per value of ten thousand yuan

2.2 林—浆—纸绿色供应链存在问题

如上所述，林—浆—纸绿色供应链的主要体现形式是林纸一体化模式，而林纸一体化模式最初从 1981 年开始，至今已经四十多年了，虽然取得了一些可人的成绩，但是经过实践调研和文献检索分析，目前仍然存在以下问题，具体表现在以下方面。

2.2.1 木浆进口依存度较高

为了促进森林恢复，2016 年全面停止了天然林的商业性采伐，天然林的木材供给能力下降为零。为了扩大木材原料的供应，制浆造纸企业在国家政策鼓励下纷纷建设速生丰产用材林，但我国实施限额采伐，如"十三五"期间年森林采伐限额,采用刚性规定采伐限额,制浆造纸企业正常的用材需求难以满足。国内木质纤维原料供应缺口较大,不得不依赖进口国外原木、木片、废纸和浆板等资源来弥补缺口(张智光,2011)。2016年我国木浆消耗量为2 877万t,其中进口木浆达1 881万t,进口木浆占到总消耗木浆的65%,而且这个比例还在上升。我国对进口木浆的高依存度不利于我国制浆造纸业的健康可持续发展。目前,原材料木浆仍然依赖于进口,对进口依存度相当高(见表2-8)。

表2-8 2002—2016年木浆进口情况

Tab. 2-8 The import status of wood pulp from 2002 to 2016

年份	木浆消耗量/万 t	木浆进口量/万 t	进口木浆占木浆消耗比/%
2002	740	521	70.41
2003	820	603	73.54
2004	970	732	75.46
2005	1 130	759	67.17
2006	1 322	796	60.21
2007	1 450	845	58.28
2008	1 624	952	58.62
2009	1 808	1 257	69.52
2010	1 859	1 151	61.92
2011	2 144	1 330	62.03
2012	2 291	1 489	64.99
2013	2 378	1 505	63.29
2014	2 540	1 588	62.52
2015	2 713	1 757	64.76
2016	2 877	1 881	65.38

资料来源:《中国造纸工业2002—2016年度报告》。

2.2.2 横向广度和纵向深度不够

横向广度不够:据下基层企业调研,目前,国内大多制浆造纸企业着力解决原料供应问题,抓住政府推动林纸一体化时机建设自营林,而与其他关联企业，如木材加工企业、化工企业、热电企业的协作度不够。林—浆—纸绿色供应链企业协作意识不够强烈，仍然单打独斗，只存在成本意识和共同发展思路，还没有形成整体的战略思维、协同意识、创新意识，总体的协同度还处在较低水平。

纵向深度不够：据调研，目前林—浆—纸供应链已经初步形成，但是从产业链的长度和深度来说还停留在浅层次上，供应链内部企业业务比较全面，但分工不足，由此导致企业在单向业务上核心竞争力凝练不够，内部企业之间存在同业竞争现象，没有真正实现产业链的分工与协作。企业间虽然有合作，但是合作的紧密度较差，很容易因为相互之间的竞争关系导致产业联盟的破裂，加大整个产业链恶性竞争的可能性。

2.2.3 伙伴合作关系不稳定

供应链中企业之间的合作需要相互信任，在缺乏信任时虽然有合作，但是会从多个层次影响企业效益。交易成本的降低、技术创新、知识互补是供应链企业合作的主要目标，在合作关系不稳定的情况下，难以形成真正有效快捷的供应链合作关系，企业间的合作也会仅仅停留在简单的业务层面上，企业间的合作处于一种松散状态。林—浆—纸绿色供应链的节点企业单打独斗，在环境要求日益严格、企业关联者环保意识日益加强的新常态下，单个企业的环境规划、绿色设计和创新无法实现。在供应链管理中可能会出现"牛鞭效益"，企业之间的不信任程度会上升，协作效率进一步下降。

2.2.4 社会就业带动有待加强

林—浆—纸绿色供应链为社会就业提供了诸多便利。根据中国林业"十三五"规划信息，在"十二五"期间，林业产业总产值的平均增速为21.1%，主要产业带动就业人数5 247万人，同时指出全面建成小康社会的难点重点在山区、林区、沙区，这些地区属于集中连片特殊困难地区，也是重点生态功能区，仅仅依靠传统产业带动地方脱贫存在难度。林业产业的进入门槛较低，尤其是作为资源性的营林业，在我国属于劳动密集型产业，但由于林业职工、林农收入低于其他制造业和服务业，生活设施不完善，对劳动力的吸引力不足，吸纳就业能力依然低下。

2.2.5　整体协作绩效有待提升

据调研，目前，林—浆—纸绿色供应链节点企业间协作效益偏低，有待提升。主要表现为以下几方面。

1. 企业追求经济利益与生态环保相矛盾

在传统、狭隘、粗放的经济发展理念指导下，不少企业仅以利润最大化为经营目标，在追求短期经济利益时消耗、浪费了大量资源，破坏了生态环境，把保护环境看作是消耗企业利润的减项。据统计，我国 2015 年废水排放量为 23.67 亿 t，比 2002 年的废水排放总量 31.9 亿 t 减少了约 1/4，占全国工业废水总排放量由 2002 年的 17.4% 下降到 13.0%，但仍然是我国最大的污染产业。排放废水中化学需氧量（COD）从 2002 年的 163.9 万 t 下降到 33.5 万 t，占全国工业 COD 排放总量 255.5 万 t 的 13.1%。万元工业产值（现价）化学需氧量（COD）排放强度为 4.7 kg。排放废水中氨氮为 1.2 万 t，占全国工业氨氮排放总量 19.6 万 t 的 6.1%。造纸工业废水处理设施年运行费用为 54.2 亿元，SO_2 排放量为 37.1 万 t，NO_x 排放量 22.0 万 t；烟（粉）尘排放量 13.8 万 t，废气治理设施年运行费用为 20.5 亿元，从这些数据中可以看出制浆造纸企业面临的环保压力依然巨大，制浆造纸企业是我国主要污染来源产业的事实依然未变。

2. 供应链机制运行不畅

部分造纸集团公司长期以来注重技术创新，忽略了组织机制的创新，形成了重技术、轻管理的习惯思维。尽管技术创新对林纸一体化企业来说很重要，尤其是与清洁生产、节能减排相关的技术对企业的生存和发展至关重要，但是如果忽略了组织创新，将导致组织自身的结构僵化，组织各部门之间的协调性变差，不能有效地对市场进行及时反应。企业高层在决策和协调上虽然能够及时把握方向和有效决策，但是没有组织内部各部门的有效协调，也很难将有效决策及时落实。钱德勒提出组织追随战略，就是要求组织结构要随着战略的变化而变化，所有的组织职能都是为了战略服务。如果组织结构适应不了企业的战略要求将导致一系列后果，如对市场的反应滞后、组织内部信息沟通不畅、员工对企业文化不够认同等。多方面的后果会大大降低企业的管理效率，员工的积极性也将下降，从而原本重视的技术创新也会因为组织结构的创新不足而大打折扣。所以，林纸一体化企业要将组织创新提高到一定的高度,既要重视技术创新也要重视组织创新,坚持两步一起走,才能真正实现组织的战略目标。

针对林—浆—纸绿色供应链存在的这些问题,本书在绿色供应链理论、共生理论及绿色发展理论的指导下提出广义绿色供应链思想,并对于共生系统的内部要素进行分析,建立系统结构,从而提出林—浆—纸广义绿色供应链基本共生模式,筛选出最优共生模式,通过对其 Multi-Agent 运行机制的研究,解决木材原料供应短缺、供应链上节点企业的合作关系不稳定及协作绩效不够高的问题。

2.3　本章小结

原料是制浆造纸企业的"生命线",原料供应的稳定性影响到企业经营的可持续性,原料来源则决定了企业产品的质量及在生产过程中对环境造成的影响程度。为了获得持续稳定的原料,为了保证产品质量,为了降低生产对环境的负面影响,制浆造纸企业纷纷选择自建林基地,林—浆—纸一体化成为大多有实力、具有一定规模的制浆造纸企业的一致选择,并将绿色供应链管理思想运用指导一体化实践。自 20 世纪 90 年代中期我国林—浆—纸一体化战略以来,我国制浆造纸企业迎来了新的发展机遇,一体化进程不断加快,从而改变了我国传统以草浆为主的原料结构,木浆及废纸浆在原料结构中所占的比重不断加大,生产过程中对环境的影响在降低,产品的种类趋于多样化,产品质量也得到了较大幅度的提升。

虽然我国林—浆—纸绿色供应链取得了一定进展,原料结构已得到一定程度的改善,但由于天然林不足、人均森林资源低等原因,我国对于木浆的进口依赖度较高,持续在 60% 以上,受制于木浆国际市场的波动,近年来呈现上升趋势。林—浆—纸绿色供应链的横向广度和纵向深度都不够,对于供应链上合作伙伴的管理不到位,合作关系不够稳定,整体的协作绩效不高。

3 广义绿色供应链共生系统的理论研究

根据本书研究思路和研究内容,在第2章林—浆—纸绿色供应链发展现状与存在问题分析的基础上,本章开展广义绿色供应链共生系统的理论研究,具体内容安排如下:首先,针对目前林—浆—纸绿色供应链发展中存在的问题提出"广义绿色供应链"的概念和思想,并就广义绿色供应链和传统绿色供应链的内涵及其特性进行比较分析;其次,根据"广义绿色供应链"的内涵,选取林—浆—纸广义绿色供应链共生系统内部要素并进行分析,且对其共生系统外部环境进行分析;然后,建立林—浆—纸广义绿色供应链共生系统结构,包括共生系统内部要素与外部环境的关联结构、共生系统内部的多层原料源结构、共生系统内部的多层次系统结构等;最后,就林—浆—纸广义绿色供应链共生系统结构的共生原理,包括共生系统内部要素与外部环境相互作用原理、共生系统内部的多层原料源供应原理、共生系统内部合作层的协调原理等进行研究。为后续第4章广义绿色供应链共生模式的分析与设计奠定基础。

3.1 "广义绿色供应链"思想的提出

由2.2节可见,林—浆—纸绿色供应链目前仍然存在一些问题,这些问题若不解决,林纸一体化的步伐难以深入推进。此外,目前林—浆—纸绿色供应链发展已不能满足林纸一体化推进的需求,亟须拓宽。由此,提出比林—浆—纸绿色供应链更宽泛的内涵思想,即:林—浆—纸广义绿色供应链思想。

3.1.1 现实需求：林—浆—纸绿色供应链的多层级原料供应

从字面意思讲，林—浆—纸广义绿色供应链比林—浆—纸绿色供应链范围更广，是一种比林—浆—纸绿色供应链更具优越性的发展模式。之所以提出林—浆—纸广义绿色供应链发展模式思想，主要是因为在实践操作中，传统林—浆—纸绿色供应链模式确实存在诸多问题，且亟须构建一种新模式，否则林纸一体化难以实施下去。在林—浆—纸广义绿色供应链运作中，原料的供应是至关重要的，得资源者得天下。经过实地调研，现有传统林—浆—纸绿色供应链中的原材料供应存在以下不足，这也是提出"林—浆—纸广义绿色供应链"思想的关键原因。

（1）原料结构虽有所改善但依然不合理，林—浆—纸绿色供应链发展对木浆的进口依存度依然较高，依赖性比较明显。如2.1节所述，原料来源结构有所改善，木浆占比较大，虽然我国国内森林资源总量较多，但是人均占有量较少，森林资源质量不高，能用于制浆的森林资源也偏少，所以国内木浆总量和质量均难以满足林—浆—纸绿色供应链发展的需求，因此，亟须从国外进口，导致林—浆—纸绿色供应链发展对木浆的进口依赖度较高，而且只能依赖于进口才能产生规模效益，促进林—浆—纸绿色供应链的发展。

（2）对原材料的利用率不高。其实，林—浆—纸绿色供应链原料来源极其丰富，存在不同形式的原料来源，但是目前林—浆—纸绿色供应链尚未充分利用多层级原料，有些虽有多层次来源，但是其对原料的利用率也极其低下。

（3）制浆造纸企业与原料层企业之间的关系不太明确，不利于生产需要，也不利于原材料的供应，而林—浆—纸广义绿色供应链就是针对原材料的多层次供应而设计的。

因此，基于林—浆—纸绿色供应链的原料供应、原料利用率、核心企业与原材料企业之间的关系不太明确等不足，提出了"林—浆—纸广义绿色供应链"思想。

3.1.2 理论构想：广义绿色供应链的概念与思想

众所周知，供应链概念来源于扩大的生产概念。供应链是指以生产制造企业为核心，将从供应商采购的原材料生产加工成零部件，再组装成成品，经由销售企业转移到客户，从而形成由组织、人、活动、信息和资源组成的整体网链结构。绿色供应链是指在企业供应链中，综合生态、环境影响和资源、能源优化利用，通过绿色培育、设计等，减少产品在生产、使用和回收期对环境的负面影响的一种绿色模式。而广义绿色供应链是指将生产制造环节拓展到可再生资源的培育环节（如营林业），原料来源是多层级和多途径的，包括天然资源、相关产业生产过程中产生的废物、最终产品消耗后的回收可循环利用废物、人工栽培的资源，不仅考虑供应链"直链"中的节点企业，即一般供应链中的供应商、生产制造企业和分销商，还考虑供应链"支链"中的企业，即为与生产制造企业形成的副产品进行交换的企业。

将供应链理论应用于林—浆—纸实践中，就衍生了林—浆—纸供应链内涵，是指从营林、制浆、造纸等的全过程，将林业第一产业、第二产业、第三产业等全过程相结合的链条模式（见图3-1）。进一步，因为生态

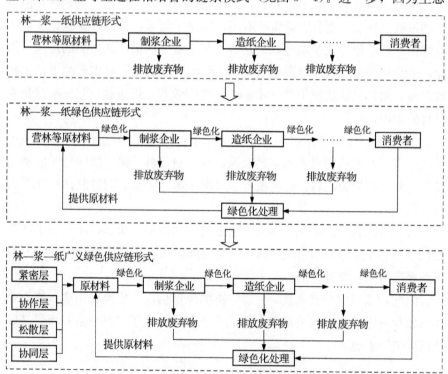

图 3-1 林—浆—纸供应链、绿色供应链和广义绿色供应链的简要构成

Fig. 3-1 The construction of supply chain, green supply chain and broad green supply chain for forestry-pulp-paper

学上的共生是指两种生物之间的一种协同发展关系状态，而绿色更多是对资源节约、环境友好而言，所以将绿色共生理论应用于林—浆—纸供应链中，就衍生了林—浆—纸绿色供应链内涵，林—浆—纸绿色供应链来源于林—浆—纸供应链，是林—浆—纸供应链的生态化和循环经济化。林—浆—纸绿色供应链将传统制造业供应链的中间产品和最终产品的制造，拓展到可再生资源培育的环节，将营林业作为林业制造业的"第一车间"，把第一、第二和第三产业统一纳入绿色供应链管理的范畴，是一种"泛制造业"的供应链管理，其目的是实现林纸产业和林业生态系统"从苗圃到森林"的协同发展。这里的"从苗圃到森林"不仅是指森林资源的不断增长，同时也包括林纸产业经济的持续发展。这就是林纸一体化供应链的绿色共生特性，即在实现绿色制造（含森林资源培育业）、绿色采购、绿色物流和绿色营销等环节协调运行的基础上，建立起资源链、价值链和生态链相互促进和协同发展的机制（张智光，2011）。

再进一步拓展到广义内涵上，就衍生了目前的林—浆—纸广义绿色供应链内涵。林—浆—纸广义绿色供应链不同于一般意义上的供应链，林—浆—纸广义绿色供应链上的企业原料具有多级来源，原料具有生态效益，资源可以实现循环利用。林—浆—纸广义绿色供应链是以多层原料源为依托，包括天然林、人工培育林（制浆造纸企业的自营林、林基地及林场）供应的原木，苗木企业、木材加工企业等产生的"三剩物"（采伐剩余物、造材剩余物和加工剩余物）、废纸、进口纸浆等，以国内外浆、纸产品市场需求为导向，以制浆造纸企业为核心，以产品、资本、信息为纽带，以价值增值为目标，在利益机制的驱动下，制浆造纸企业与营林企业、木材加工企业、商贸企业、绿色化工、物流公司等形成具有特定时空布局的网络关联、动态的链式组织。林—浆—纸广义绿色供应链以5R，即传统的减量化（Reduce）、再利用（Reuse）、再循环（Recycle）、再制造（Remanufacture）、再营林（Reforest），从原料供应、生产过程及生产结果保证林—浆—纸供应链的绿色。

由图3-1可以对林—浆—纸广义绿色供应链和传统绿色供应链概念进行比较，见表3-1。

表3-1 林—浆—纸广义绿色供应链和传统绿色供应链概念比较

Tab. 3-1 The comparison with the concept between broad green supply chain and ordinary green supply chain for forestry-pulp-paper

概念比较	广义绿色供应链	传统绿色供应链
范围	更广	较一般
角度	更宏观	宏观
经济效益	更好	好
协作效率	更高	高
交易成本	更低	低
废弃物处理率	更高	高
资源依赖性	更低	低

3.1.3 比较分析：广义绿色供应链与传统绿色供应链的特性比较

广义绿色供应链与传统绿色供应链因概念上有所不同从而导致了其内涵特性也有差异。表3-1比较了广义绿色供应链与传统绿色供应链概念上的差异情况。根据表3-1可以大致总结出林—浆—纸广义绿色供应链和传统绿色供应链的特性区别，如表3-2所示。

表3-2 林—浆—纸广义绿色供应链和传统绿色供应链特性比较

Tab. 3-2 The comparison with the character between broad green supply chain and ordinary green supply chain for forestry-pulp-paper

特性比较	广义绿色供应链	传统绿色供应链
内涵	更广	一般化
周期性	更长	比较长
资源利用效率	更高	高
经济效益	更好	好
生态效率	更高	高
成员个数	更多	多
供应链协作性	协作能力更强	协作能力强
原材料的获取成本	更低，原材料能够极大效率利用	低，原材料利用效率高
资源依赖性	更低，能够超循环利用	低，能够循环利用

3.2 林—浆—纸广义绿色供应链共生系统内部要素与外部环境分析

3.2.1 共生系统内部要素构成

在分析了林—浆—纸广义绿色供应链的内涵及特性后,接下来我们来构建林—浆—纸广义绿色供应链共生系统结构,并就其系统结构进行机制分析。众所周知,系统是由要素构成,各要素间在一定的系统环境下也会发生一定的相互作用关系,各要素间会发生能量、信息和物质等的交换。系统存在的最大目标是充分发挥好系统各要素的作用,促进共同目标的实现。林—浆—纸广义绿色供应链共生系统以供应链整体利益环境、经济、资源、生态、社会利益均衡发展为目标,在供应链核心企业的规划、组织、协调和领导下形成合作共生关系,供应链各共生单元之间的关系是多维的,具有层次性,并且是动态的。林—浆—纸广义绿色供应链主要包括以下要素。

(1) 营林企业。制浆造纸企业的生产需要大量木材作为原材料,解决原料的根本途径就是向森林培育"前向"延伸,大力营造速生丰产林和工业原料林。因为原料的特殊性,绿色采购要求制浆造纸企业采购原材料时考虑环境效益,在不影响或不损害地方绿色环境的前提下做出采购计划,同时为营林企业提供技术、资金、资源支持。营林企业主要负责林木选种、培育和种植,联合大学、科研机构共同进行创新研究,并将科研成果尽快转化成生产力,加快林木良种选育和林木良种基地建设,建设现代化的速生丰产林基地。

(2) 制浆造纸企业。造纸业是我国的基础产业,纸产品的消费水平反映了我国经济发展状况,对环境的影响存在双面性。制浆、造纸是两个截然不同但又关系紧密的生产过程,制浆造纸企业应从自然资源高投入、高消耗、环境高污染、低效益的短期粗放型经济模式向资源节约、环境友好的集约型模式转变,向高效益、低消耗、少污染的方向发展,引进相关核心技术和关键设备,鼓励发展应用高得率制浆技术、生物制浆技术和低污染制浆技术,最终实现制浆造纸全过程的环境无害化。为实现绿色生产目标，制浆造纸企业一方面应通过研发新技术、新工艺降低单位产量的资源投入，另一方面应有效循环利用制浆造纸过程中产生的废弃物：生产过程会产生的大量高质量浆渣，再利用价值高，可以用来生产低档纸板和纸箱；利用以膜技术为核心的深度处理技术和回用技术把造纸废水处理后，为林地、公园、绿化带等提供灌溉；造纸污泥无害化处理后作农用；机浆备料系统产生的树皮和锯末作为燃料或者蘑菇的培养基使用，实现资源的循环利用，建立"原料投入—制浆—造纸—'三废'循环利用—废纸再投入—原料再投入"的循环产业链。

（3）绿色化工企业。作为环境污染大户，最大的原因是制浆造纸生产过程中投入的传统化工原料无法抑制污染物的产生。为了实现绿色制浆造纸，制浆造纸企业一方面用木浆替代草浆；另一方面通过利用先进、无污染绿色化工技术提高资源利用效率，在生产过程中通过预处理工艺，投入能降解、溶化的绿色化工材料控制有害副产品的产生，最终实现零排放。随着资源的日益紧缺，降低单位产品消耗、减轻环境污染以及增加经济效益是造纸企业的重要发展目标，造纸化学品工业与造纸工业的关系亦随之愈加紧密。造纸化学品产业的发展对于建设林—浆—纸广义绿色供应链具有重要的支撑作用，如双元、多元助留助滤体系的开发及应用，使得制浆化学品效率高、成本低、对环境影响小。

（4）流通企业。分销商（经销商）、零售商及物流企业等共同构成了供应链中的流通企业。制浆造纸企业生产出的最终产品，必须经由分销商（经销商）、零售商传递到最终用户，这不仅是制浆造纸企业生产出符合市场需要的产品的保障，同时也为企业提供市场未来需求的预测。林—浆—纸广义绿色供应链的出现促进了物流业的发展，主要包括原木、纸浆和纸品的包装、存储、运输和信息处理等物流活动。制浆造纸企业的发展使得物流发展得到提升，若林基地远离制浆造纸企业，则一般利用天然或人工河道运输木材原料；若林基地靠近制浆造纸企业，则一般利用速度更快、更为便捷的铁路或公路运输。物流业是服务业综合体，包括运输、仓储等，物流运行效率的高低和专业化物流供给能力的强弱将会影响林—浆—纸广义绿色供应链的运行成效。以信息技术和供应链管理为核心的现代物流业的发展，通过提供低成本、高效率、多样化、专业化的物流服务将极大地促进林—浆—纸广义绿色供应链的发展。

（5）能源企业。节能降耗、废物循环利用，完善能源管理的组织建设和制度建设，加强能源的科学管理，才能使林—浆—纸广义绿色供应链走上资源能源节约型、林浆纸一体化绿色环保友好型之路。目前，制浆造纸行业是我国的能源消耗大户，相比发达国家，我国的节能空间巨大，综合考虑构建热电联产及供电、供汽循环利用系统，制浆造纸生产过程中剩余的树皮和木屑可以循环利用作为热电厂锅炉的燃料，生产过程中产生的蒸汽也能回收利用作为供热源，从而减少煤炭、汽油的采购量，降低成本；将造纸废液——黑液气化后作为良好的车用燃料，降低运输能源的投入。制浆造纸企业排放的"三废"经循环利用，不仅提高了经济效益和环境效益，更是形成了制浆造纸企业——能源企业的循环产业链。

（6）机械装备制造企业。林—浆—纸广义绿色供应链中的木材加工、制浆、造纸等企业都需要大量的机械制造设备。《造纸产业发展政策》提出制浆造纸装备以大型、宽幅、高速和自动化为目标，鼓励企业自主创新，与相关企业联合创新，从国外引进先进技术模仿创新。在国家政策的引导和鼓励下，制浆造纸企业根据市场对纸产品品质、规格等需求状况提出制浆、造纸设备的技术要求，联合装备制造企业集成研发平台，设计大型、先进、绿色的制浆造纸设备，提高大中型高速、高效、高质量、自动化的成套装备的开发和制造能力，鼓励国内设备制造企业引进国外设备制造商的先进技术，或合资合作共同开发新技术、新工艺，提高制浆造纸装备的国产比例和水平。

3.2.2 共生系统外部环境分析

在分析了共生系统内部要素构成以后，接下来就要分析共生系统外部环境了。林—浆—纸广义绿色供应链共生就是在自然、社会、经济、政策等共生环境下，制浆造纸企业以营林企业提供的木材原料、木材加工企业提供的加工剩余物及进口原料为投入要素，化工企业输入绿色化工原料，热电厂、物流企业等提供相应的能量和服务，生产加工出符合市场需求的纸产品，纸浆及纸生产加工过程产生的废气、废水等经过处理后输入热电厂和林地，通过共同努力最大限度地利用资源和减少消耗，实现循环、绿色增长经济。其中，外部环境包括社会环境、政治与法律环境、文化环境、产业政策环境、科技环境、经济环境、自然环境等。

（1）社会环境。社会环境包括一些社会政策、社会公德约束等，还包括社会公共治理等。企业必须在社会政策和社会公德约束下进行生产运营，否则就会给社会带来不好的影响,从而有损企业在社会公众中的形象。

(2) 政治与法律环境。林—浆—纸广义绿色供应链系统必须遵循相关的政治和法律环境,如相关的企业法、排污法等,还必须保证在不破坏生态环境的条件下进行经营生产。现在企业均是以经济和生态协同共生为目标进行生产,若以破坏环境来获得经济利润将难以维持生产,若不以经济利润为目标将难以为继,因为企业都是以最大利润化为最终目标来生产运作的。

(3) 文化环境。文化环境包括企业文化、企业形象设计等。企业文化对于企业形象的设计和打造具有重要影响,也对企业的整体形象具有重要的影响,企业文化是企业的门面、企业的代表,因此,发展企业文化环境对于促进健康运营发展具有重要作用。

(4) 产业政策环境。产业政策环境包括林业产业政策、农业产业政策和其他产业政策等。企业产业政策对于发展企业生产具有重要的影响,也是直接影响企业发展的关键因素。

(5) 科技环境。科学技术是第一生产力,科技的高低直接影响着企业生产力的发挥。科技环境的优化对于企业运作也具有十分重要的影响。科技包括生产技术、加工技术、深加工处理技术等。

(6) 经济环境。经济对于企业运行具有重要的影响,国家经济的发展能够推动企业的发展,当国家经济发展速度快时,企业能够良性运作,借着国家经济发展的良好趋势加快企业发展的脚步,扩大规模,提高效益;当国家经济发展不景气时,企业的生产运作就会在一定程度上受到影响,比如2008年的金融危机就影响了国内企业的发展,导致很多企业无法运作而倒闭。

(7) 自然环境。自然环境也是一个影响林—浆—纸广义绿色供应链节点企业经营运作的关键要素,自然环境包括林木的生产等,倘若因自然灾害而导致林木资源病虫害增加,那么就会影响林—浆—纸广义绿色供应链节点企业原材料的供应,进而影响企业生产运作,或者其他自然灾害也会影响企业的生产经营运作等,故自然要素也应合理把握。

综上所述,以上社会环境、政治与法律环境、文化环境、产业政策环境、科技环境、经济环境、自然环境等均是林—浆—纸广义绿色供应链必须考虑的诸多外部环境,科学把握企业所处的外部环境对于综合企业外部环境和内部要素具有至关重要的作用。

3.3 林—浆—纸广义绿色供应链共生系统结构建立

在分析了林—浆—纸广义绿色供应链共生系统内部要素和外部环境的基础上，接下来就要结合内部要素和外部环境建立林—浆—纸广义绿色供应链共生系统结构。

3.3.1 共生系统内部要素与外部环境的关联结构

根据上述林—浆—纸广义绿色供应链共生系统内部要素和外部环境，运用系统工程方法构建林—浆—纸广义绿色供应链共生系统内部要素和外部环境的联系，如图3-2所示。

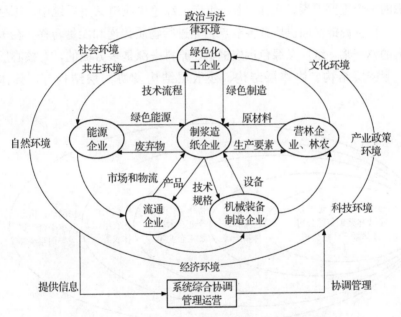

图3-2 林—浆—纸广义绿色供应链共生系统结构

Fig. 3-2 The symbiosis system structure of broad green supply chain for forestry-pulp-paper

如图3-2，在林—浆—纸广义绿色供应链共生系统结构中，作为共生关系的基本能量生产和交换单位，处于不同共生体的共生单元的基本属性差异明显，处于不同层次的共生单元的性质和特征也会有所差异（纪金雄,2009)。林—浆—纸广义绿色供应链的共生单元组成了一个复杂的大系统,从中观层面看,营林业为处于核心位置的制浆造纸企业提供生产原料,作为供应链的第一生产车间,林农为制浆造纸企业补充生产原料。流通业完成纸产品从企业到消费者的时空转移。服务业为供应链中的共生单元提供辅助性服务,包括为实现绿色化工原料的研发、绿色生产技术的开发、绿色装备的制造、逆向物流、进口原料的供应、资源和废弃物的循环利用及共生系统的协调管理等提供服务。因此,林—浆—纸广义绿色供应链共生系统的基本单元包括原料供应单元、制浆造纸单元、流通单元和服务单元,为实现资源、价值、环境的协调发展,推动共生系统的持续运营,共生单元互为依存、互相促进、协同共生。

3.3.2 共生系统内部的多层原料源结构

在考虑林—浆—纸广义绿色供应链共生系统运作时,原料来源是必须考虑的一个重要因素。在林—浆—纸广义绿色供应链共生系统中,原材料作为一种资源链流向供应链各节点企业进行物质传递和能量转移。在国内目前的林—浆—纸广义绿色供应链中,原料来源是多方面的,有核心层结构、紧密层结构、协作层结构、松散层结构及协同层结构等,具体如图3-3所示。

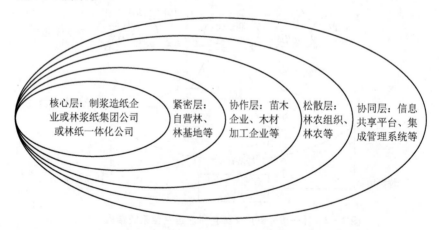

图3-3 林—浆—纸广义绿色供应链的多层次原料来源结构

Fig.3-3 The multi-layer material source structure of broad green supply chain for forestry-pulp-paper

在图3-3中,多层级共生模式中的要素通过对废弃物的相互交换互相衔接，使资源得到最佳配置，废弃物得到有效利用，环境污染降到最低程度。在这整个系统中，需要有原材料的供应，而原材料的来源具有多元化和多渠道性的特性，现在来分析一下整个林—浆—纸广义绿色供应链的材料来源。具体如下。

(1) 核心层。核心层是林—浆—纸广义绿色供应链的"链核"，对于供应链其他共生单元或具有支配权，或具有较大影响，往往由居于供应链中心地位的制浆造纸企业承担。作为供应链的核心，制浆造纸企业生产规模较大，研发能力较强，资金较为雄厚且渠道多元，在国内外具有一定的竞争力，能利用其威望对供应商和消费者产生影响，对于构建林—浆—纸广义绿色供应链共生体起着关键作用。

(2) 紧密层。紧密层是指林—浆—纸广义绿色供应链的核心企业和稳定的战略合作伙伴之间的合作层，如企业集团等。原料是"链核"的生命线，制浆造纸企业一般通过林地投资建设自营林、速生林基地，或控股大型林场，形成紧密层。核心层企业依赖这些合作企业为其提供主要的原料，另外，绿色化工企业、制浆造纸机械设备企业等，为制浆造纸企业的绿色设计、绿色生产提供保障。制浆造纸企业通过产权或控股控制紧密层企业，随时调整它们的经营策略，使这些企业与"链核"企业的发展目标一致。

(3) 协作层。协作层是指林—浆—纸广义绿色供应链的核心企业和较松散的战略合作伙伴之间的合作层，由制浆造纸企业参股的关联企业所组成，主要包括苗木企业、中小型林场、木材加工企业等，这些企业将生产加工过程中产生的能作为制浆原料的边角余料供应给制浆造纸企业。为了提高资源综合利用水平，在风险承受范围内制浆造纸企业通过参股的形式与热电企业及其他废物加工企业开展合作，回收利用生产环节产生的纸浆、黑液、废水、废渣、污泥、废气及其他废弃物。

(4) 松散层。松散层是指林—浆—纸广义绿色供应链的核心企业和关系比较松散的合作伙伴之间的合作层。内部交易成本会随着企业规模的扩大而上升，甚至超过外部交易成本。核心企业与松散层企业以市场交易为主，以创新能力和技术支持、虚拟合作的方式保持合作关系。松散层的组织单元主要包括林农大户或散户、小型林场、商贸企业、物流公司、零售商及相关服务企业等，其中，商贸企业主要为制浆造纸企业提供进口木浆，相关服务企业是指协作金融机构、包装公司、印刷企业、咨询公司等企业。

(5) 协同层。协同层是林—浆—纸广义绿色供应链中以核心企业为主导，由各层次单元参与的总体协调单元。协同层承担了林—浆—纸广义绿色供应链的信息共享、计划协调、管理支持、物流平衡、综合控制、相互沟通等功能，是现代供应链管理和信息管理技术支持下的管理平台，协同供应链中的其他企业共同面对市场变化、保障原料供应、降低经营风险、消除供应链"牛鞭效益"、降低供应链总体经营成本、提高林—浆—纸广义绿色供应链的整体竞争力。

图 3-4 中所示的林—浆—纸广义绿色供应链的多层级架构，存在四种（潜在）合作层次，这些合作层次紧密程度不一样，合作的深度也不一样，除了紧密层外，其他层次是基于或控股，或参股，或契约的合作。林—浆—纸广义绿色供应链的核心企业能够根据企业的外部环境和自身内部条件，对不同企业的合作层次进行动态微调，将处于林—浆—纸广义绿色供应链中的协作层或松散层企业的合作层次提升到紧密层。同时，将不符合要求的紧密层的企业降到低层次的合作范围中。这些调整层次的多样性和快速性与林—浆—纸广义绿色供应链的协同层及环境是分不开的，也为林—浆—纸广义绿色供应链的核心企业应对突发事件和不确定性因素的影响提供了替代企业。

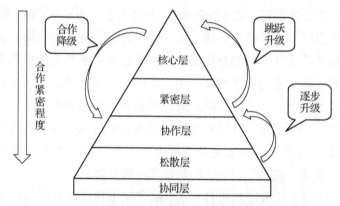

图 3-4　林—浆—纸广义绿色供应链的合作层次结构

Fig. 3-4　The corporation structure of broad green supply chain for forestry-pulp-paper

3.3.3　共生系统内部的多层次系统结构

在已有多层共生系统要素阐述的基础上，进一步构建林—浆—纸广义绿色供应链多层共生系统框架，如图 3-5 所示。对于一个全新规划的林—浆—纸广义绿色供应链共生结构，应根据当地的林业资源、产业等特色，结合相关规划、政策及市场供求等寻找和确定由核心层企业为主导的一系列以物质或能量交换为基础，以控股、参股或契约为纽带的关联企业，从而构建林—浆—纸广义绿色供应链。

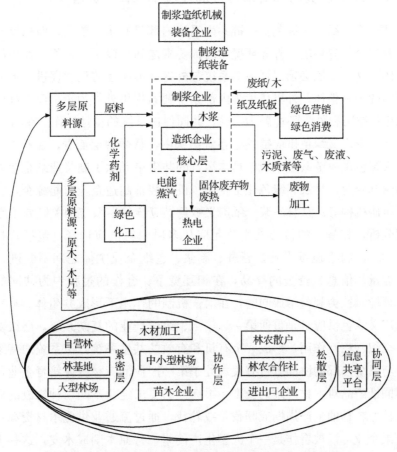

图3-5　林—浆—纸广义绿色供应链的多层次系统结构

Fig. 3-5　Multi-level system structure of broad green supply chain for forestry-pulp-paper

3.4　林—浆—纸广义绿色供应链的共生原理研究

在建立了林—浆—纸广义绿色供应链共生系统结构后，接下来就对其运行机制进行分析。分别从共生系统内部要素与外部环境相互作用、共生系统内部的多层原料源供应、共生系统内部合作层的协调三个方面的相互作用机制进行研究。

3.4.1 共生系统内部要素与外部环境相互作用原理

林—浆—纸广义绿色供应链共生系统内部具有多个要素，而外界环境也具有多个外界环境，外界环境与内部要素之间构成了一个相互作用的统一整体，这一系统必须保证内部系统与外界环境相互协调和促进，形成相互协同的统一整体。外界环境为内部系统要素提供外部力量，而内部要素之间相互作用和外界环境融为一体，共同促进系统的良性运作。在图3-2林—浆—纸广义绿色供应链共生系统结构中，从微观层面看，在林—浆—纸广义绿色供应链共生系统中具体运行的共生单元除了制浆造纸企业外还包括营林企业、林农、绿色化工企业、机械装备制造企业、能源企业、政府、科研机构等。从林—浆—纸广义绿色供应链共生系统的关键要素组成角度分析，其基本的核心共生单元应从多层原料供应选择，包括营林企业、林农、制浆造纸企业。营林、制浆、造纸企业主体之间不断进行物质、能量、信息、资金的交易，在相互竞争、合作的过程中为共同的经济、环境、社会利益结成同盟，在信任机制的作用下形成共生体。林—浆—纸广义绿色供应链是贯通第一、第二、第三产业的复杂系统，层级要素相互交织、相互作用，形成一个有机和有效的共生系统，该系统的持续发展，与系统内部的协同运行有关。处于第一产业的森林资源培育企业，根据不同纸产品对木材纤维的长度、柔韧性的要求经营不同树种构成的原料林，按原料林的生产周期间伐，或轮伐，通过流通业供应木材资源；制浆造纸企业可以被看作是一个大型生产网络，将原木削成木皮，这些木皮经蒸煮、清洗、纤维剥离、添加化学试剂、漂白等转化成纸浆，纸浆投入不同的纸机后转化为不同种类的纸产品；纸产品经分销商、零售企业到达消费者，消费后形成的废纸又通过回收企业或物流返回制浆造纸环节。林—浆—纸广义绿色供应链还包括为上述主供应链提供服务的拓展供应链，如在木材资源的水路、铁路或公路运输、纸产品向消费市场转移中提供物流服务的流通业，为制浆造纸生产过程中提供绿色化学试剂的化工企业及提供电力的热电企业，另外还有一些为营林企业提供技术支持的科研机构等。

3.4.2 共生系统内部的多层原料源供应原理

在图3-5中，造纸原料（Papermaking Raw Material）是指造纸工业所用的原物料，一般包括植物纤维和非植物纤维。其中，植物纤维品种繁多，可以分为木材纤维和非木材纤维；非植物纤维包含无机纤维、化学纤维和微生物纤维等。除此以外，现代造纸原料还包括一些新型原料如香蕉茎秆、造纸污泥等。本书所研究的造纸原料只限于木材纤维。从原料来源上看，制浆造纸企业有来自自营林、林基地、林场等直供的原木，苗木企业、木材加工企业等产生的"三剩物"（采伐剩余物、造材剩余物和加工剩余物）等也提供了一部分原料，还有从林农合作社或散户购得的原料。因为国产木浆比例仅占10%左右，也就是说进口木片和木浆是制浆造纸企业原料的另一重要来源。制浆造纸企业与上述这些不同来源的原料供应者或产权，或契约，形成紧密程度不同的组织模式。林纸一体化是林—浆—纸广义绿色供应链的主要形式，一些大中型林纸一体化组织通过优选育种、科学发展人工速生林，实现资源再造、废纸回收、废弃物回收与循环利用，形成了造林、节源、再生的绿色超循环。

由图3-5可见，从整体组织结构上看，松散层组织单元是林—浆—纸广义绿色供应链的重要组成部分，与较紧密的组织单元共同构成了林—浆—纸广义绿色供应链的组织联合体；从整体组织形态上看，林—浆—纸广义绿色供应链是一个以产权、控股为纽带的紧密型与以契约为基础的虚拟型相结合的混合组织形态；从产权关系上看，林—浆—纸广义绿色供应链主要是由资本联合层（核心层、紧密层）、固定协作配套关系层（协作层）、非固定的合作层（松散层）三个层次结构组成；从合作形式上看，核心层企业与其他层企业之间是一种战略联盟或比较灵活的合作伙伴关系。

3.4.3 共生系统内部合作层的协调原理

林—浆—纸广义绿色供应链共生系统是一个由多层共生单元的融合而成的共生复杂体系，共生单元在特定的共生环境中会按照某种共生模式形成共生关系，共生关系取决于特定的运行机制。现阶段我国制浆造纸企业面临的巨大挑战是因我国森林资源匮乏而导致原料供应不稳定，对外依赖性过高且向后拓展，与不同原料供应单元形成紧密程度不同、互惠关系不等的共生关系。为了降低制浆、造纸流程中对环境的影响，应减量化投入资源，废弃物循环利用，与热电、化工等共生单元相互作用，产生协同效益，使供应链系统从无序走向有序，在混沌中形成稳定结构。

　　林—浆—纸广义绿色供应链系统涉及总体协调单元、核心层企业、稳定的战略合作企业、松散的战略合作企业、关系松散的合作企业，各层之间相互交织、影响、共同演化。依据耗散结构理论，核心层与其他不同层级之间的竞争合作关系、选择关系构成多层级互动机制，这些机制共同推动信息、资源、价值在层级间传递，推动供应链系统多层级共同演化。制浆造纸企业是林—浆—纸广义绿色供应链的中心环节，起着原料与消费者的"桥梁"作用。制浆造纸企业应着力培育那些具有特殊品质和技术特点、市场占有率比较高的拳头产品，延伸产品开发链，提高产品的市场扩张能力和对市场需求变化的动态适应能力，提升企业核心竞争力。

3.5　本章小结

　　基于林—浆—纸绿色供应链的原料供应不足、原料利用率不高、核心企业与原料供应的关系不稳定，本书提出了"林—浆—纸广义绿色供应链"思想，将供应链拓展到可再生资源培育环节，以多层原料源为依托，建立以制浆造纸企业为核心，并与营林企业、木材加工企业、商贸企业、绿色化工、物流公司等形成具有特定时空布局的网络关联、动态的链式组织。以多层原料为主线，林—浆—纸广义绿色供应链共生系统包括核心层、紧密层、协作层、松散层及协同层，核心层通常是制浆造纸企业，上述企业依据与核心层企业的合作紧密程度归属于不同层级。林—浆—纸广义绿色供应链共生系统的内部要素与外界环境相互协调和相互促进，制浆造纸企业与不同的原料来源层级或产权，或契约，形成紧密程度不同的组织模式。

4 广义绿色供应链共生模式的分析与设计

根据本书研究目的和研究内容,在第 3 章构建了林—浆—纸广义绿色供应链共生系统结构,并对其运行机制进行分析的基础上,本章就林—浆—纸广义绿色供应链基本共生模式进行分析与设计。具体内容安排如下:首先,对林—浆—纸广义绿色供应链基本共生模式构建的六个维度进行分析;然后,基于这六个维度选取两个核心维度:共生收益的分配机制和共生媒介的畅通机制,构建林—浆—纸广义绿色供应链基本共生模式;最后,基于核心维构建了林—浆—纸广义绿色供应链四种基本共生模式,为第 5 章基本共生模式的效益评价奠定基础。

4.1 共生模式的多维度分析

林—浆—纸广义绿色供应链包括制浆造纸企业、能源企业、流通企业、营林企业等诸多共生属性要素。其中,共生体形成的基础包括中观层面的林业产业、林业生态和微观层面的制浆造纸企业、林农等,外部条件包括政策、市场竞争、消费者需求等共生环境,而关键在于共生单元的相互作用方式和强度。欲构建林—浆—纸广义绿色供应链基本共生模式,就必须对共生单元相互作用方式和强度的共生关系进行分析,基于不同的视角,会产生诸多不同的维度,图 4-1 反映了在共生系统要素和外界环境共同作用下林—浆—纸广义绿色供应链基本共生模式的所有共生维度和视角。

图 4-1 具体描绘了林—浆—纸广义绿色供应链基本共生模式的六个维度,下面分别对这六个维度进行说明。

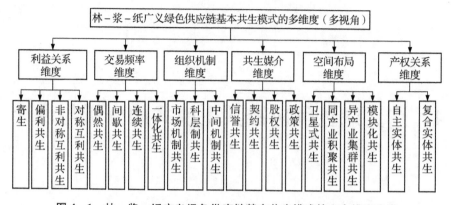

图 4-1 林—浆—纸广义绿色供应链基本共生模式的六个维度分类

Fig. 4-1 The classification of six dimensions of the symbiosis modes of broad green supply chain for forestry-pulp-paper

4.1.1 利益关系维度

在共生利益分配关系上，共生单元之间存在着不同的共生关系，具体表现为寄生、偏利共生、互利共生等不同模式。其中，互利共生又可以分为非对称和对称互利共生两种。

1. 寄生模式

寄生是企业之间一种特殊的共生形式，寄生企业依靠"食取"寄主企业的资本或收益而生存，寄生企业离不开寄主企业，寄主在形态上大于寄生者，寄生者的能量或物质消费量只占寄主生产量的一部分或小部分。寄生企业因获取了资本或者收益而得以生存，寄主企业因资本亏损或收益下降而不断降低生存能力。如果寄主企业收益降低幅度超过其自身盈利幅度，寄主企业将会衰亡，寄生企业也就失去了生存条件（周柏翔，2007；Albu，2016）。

在林—浆—纸广义绿色供应链中，这种模式就是制浆造纸企业寄生于森林资源系统，阻碍森林资源系统的发展，以本地区或其他地区的原生天然林作为制浆造纸工业的原料来源。对森林的过度采伐利用导致了森林面积的减少，这时制浆造纸企业与森林资源之间的关系是一种对立的关系。由于天然林具有较好的生态和环境功能，大量砍伐会破坏森林资源，进而导致生态失衡和环境恶化等严重问题。在制浆造纸业发展的初期阶段，由于对水资源的大量消耗，再加上污染处理技术和装备落后，对环境造成很大的污染。这种制浆造纸企业寄生于森林资源系统的模式，会使生态环境受到严重损害，随着森林生态环境的破坏和失衡，林业产业也会失去生存条件，所以这种模式的稳定性极低，目前已基本不复存在。从微观层面看，根据经济学的"理性"假设，不会有企业愿意长期为另一企业提供对自己没有回报的服务，因此，寄生方式在现实中很少存在。

2. 偏利共生模式

偏利共生其实也是一种共生关系，只不过是一种特殊的共生关系，是从寄生向互利共生转换的过渡类型。其特点主要有：（1）偏利共生关系产生新价值，但这种新价值一般只向共生关系中的某一单元转移，或者说某一共生单元获得全部新价值；（2）存在双向物质、能量和信息交换。总体来说，偏利共生对一方有利而对另一方无害。在封闭体系中，偏利共生关系对非获利方的进化既无害也无益，而对获利方的进化则有积极的促进作用。而在开放体系中，如果环境具有一种对非获利方的补偿机制，那么非获利方也会得到进化。

具体到林—浆—纸广义绿色供应链中，表现为这种模式对制浆造纸企业有利，对森林资源的可持续发展则无害。即在制浆造纸业发展的同时，也注重营林、造林等活动，消耗的森林资源被营林业及时种植补上。制浆造纸业以"5R"为原则，采用清洁生产工艺技术和先进的污染治理技术及装备，从制浆造纸工艺流程、技术革新、节能降耗及资源利用等全方位着手，提高水资源利用率，减少污染物的产生。这样在发展制浆造纸业的同时，对森林资源和生态环境影响不大。在这种模式下，如果营林和制浆造纸同时属于一个集团，那么对制浆造纸业的发展有积极的促进作用；如果不属于一个集团，那么需要设计一些补偿机制对营林业进行补偿，以保证该模式能够保持一定的稳定状态。

3. 非对称互利共生模式

这种模式的主要特点有：（1）通过形成共生关系的企业分工合作产生新的价值增值活动；（2）产生的新价值往往由于共生媒介的作用而形成非对称分配；（3）不仅存在两个共生企业间双边的物质、信息和能量的交流机制，而且存在多个共生企业间多边交流机制（彭建仿，2010）。在林纸一体化模式中，对双方均有利，但林业产业获利要大于生态环境。在林业产业建设的同时也注重林业生态建设，按照现代林业的要求合理布局，积极调整树种结构，林业产业在自身发展的同时为林业生态建设提供和积累资金，使得双方都能够得到发展。林业经营者通过出售林产品获得的收入为森林的可持续经营提供了必要的发展资金；同时，大面积的森林也改善了因森林面积减少而造成的环境恶化。这种模式不仅仅是营林和造纸两个产业的双边物质、信息和能量的交流机制，同时还有林业加工、森林旅游等多边的交流机制。

4. 对称互利共生模式

对称互利共生是指产业与生态互相促进、互相双赢的共生模式。其主要特点有：（1）在分工与合作的基础上产生新能量、新物质，即通过共生单元的分工与合作实现更高的物质、信息和能量的生产率和交换率；（2）共生界面具有在所有共生单元之间实现对称分配的功能特性；（3）共生过程中不仅存在频繁的双边交流，而且存在广泛的多边交流机制，从而可以极大地提高共生能量和降低共生成本。

在林—浆—纸广义绿色供应链中，对称互利共生模式对制浆造纸业和森林资源都有利，而且得利相当。这种模式就是林业循环经济系统，在可持续发展的思想指导下，按照清洁生产的方式，对能源及其废弃物实行综合利用的生产活动过程。林业产业系统输入的原始资源与能量最小，向外排放的废弃物量也达到最小，从而减少对林业生态系统的破坏（Korhonen，2003）。整个林业产业系统形成了一个类似于自然生态系统的循环体，在林业产业链中，前一个企业的废弃物恰好给下一个企业提供原材料或能源，对废弃物和资源的界限不作严格区分，使得整个产业系统达到最小的输入和最小的输出（谢煜，2007）。

4.1.2 交易频率维度

从共生单元交易频率上看，共生模式可以分为偶然、间歇、连续和一体化共生等多种形态。

1. 偶然共生模式

所谓偶然共生是指还未建立供应链联盟时，为寻找合作伙伴，供应链上的节点企业与不同的供应商、制造商等进行多次反复的偶然合作，又称"点共生"。在林—浆—纸广义绿色供应链中其实就是一种松散共生模式，合作关系具有一次性和偶然性等特点。营林企业或者林农拥有储备木材原材料的资源，将会根据市场价格出售等，而制浆造纸企业则完全按照市场价格进行采购，按照市场交易规则进行买卖。随着市场中的环境不断变化，企业在形成共生关系之前，还未拥有共生对象的足够信息，企业寻找共生企业时并不具有特定的指向性，构成共生关系的企业也不会唯一依赖对方。所以在点共生模式下，供应链节点企业间的合作关系具有随机性和波动性等特点。

2. 间歇共生模式

所谓间歇共生模式，与连续共生模式相对应。间歇共生模式可看作是多个节点企业的集合。对于林—浆—纸广义绿色供应链来说，这种间歇共生模式主要指边界模糊的动态的林纸企业联盟、虚拟企业等网络化制浆造纸企业组织。一般是由多个拥有不同关键技术与资源的林纸企业，为获得竞争优势，通过一定方式组成的优势互补、资源共享、风险共担，要素双向或多向流动的松散型网络式的联合体。共生企业之间关系松散、聚散灵活，能够及时应对市场变化，抓住市场机会，进行高效运营管理。它不像传统的企业那样具有明确的边界和层级，并通过行政方式进行协调管理。当然，由于营林业和制浆造纸业的固定投资都较大，加上林木资源培育的周期较长，因此大型营林、制浆造纸企业都很难随时退出现有市场或灵活选择新的合作伙伴，双方的相互依存关系比一般行业强。

3. 连续共生模式

连续共生模式顾名思义就是企业间共生具有连续性特点，目前，供应链节点企业间关系逐步迈向网络化发展，在共生关系方面表现为间歇式或者连续式共生，但是至于属于哪一种共生模式，这要看双方合作业务是否具有连续性特点。当然，连续性共生模式企业都希望合作是连续性的，能够长期保持下去，但是如果企业间发生不连续性或者间断性的合作，那么企业间的共生模式将发生变化。在连续共生模式中，林—浆—纸广义绿色供应链其实就是由若干具有法人资格的企业通过不同组织形式形成的林纸企业集团。核心企业一般为制浆造纸企业，紧密层由该集团公司的子公司组成，协作层由集团公司参股的企业组成。

4. 一体化共生模式

前述三种共生模式涉及的是林—浆—纸广义绿色供应链上联盟伙伴企业之间的合作，属于多体共生关系。而一体化共生关系是成员企业之间形成了一种独特的共生界面，这种独特的共生界面由一组共生媒介组成，其最大的特点就是成员企业与环境的交流只通过这个唯一界面进行。这种一体化共生模式下成员企业之间的作用，包括信息流、物流、资金流、能量流是在共生单元体内执行的，而共生企业与外界环境则通过共生单元发生作用。相对于环境而言，处于共生系统内部的企业已不存在独立的性质或功能，而是成为共生体的组成部分。供应链上形成连续共生关系的企业已接近从属于另一方的企业，是最为稳定的组织间关系。

这种一体化共生模式可以是高度一体化的林纸一体化公司或企业，还可以是以集团公司的形式组成，主要通过重组、并购、股份制改造等形式组建大型林纸集团公司，各子公司之间紧密联合，将生产、流通过程纳入企业组织内部不仅降低了市场风险，最重要的是降低了交易成本，这样的协调机制是有效率的。

从共生利益分配关系和紧密程度两个维度视角来划分共生模式，这是最常见的划分方法。将上述两种分类进行组合，则可以得到 16 种林—浆—纸广义绿色供应链共生模式，见表 4-1。

表 4-1　林—浆—纸广义绿色供应链共生模式二维组合

Tab. 4-1　The two-dimension combination of symbiosis modes of broad green supply chain for forestry-pulp-paper

	偶然共生 X_1	间歇共生 X_2	连续共生 X_3	一体化共生 X_4
寄生 Y_1	$S_{11}(X_1, Y_1)$	$S_{21}(X_2, Y_1)$	$S_{31}(X_3, Y_1)$	$S_{41}(X_4, Y_1)$
偏利共生 Y_2	$S_{12}(X_1, Y_2)$	$S_{22}(X_2, Y_2)$	$S_{32}(X_3, Y_2)$	$S_{42}(X_4, Y_2)$
非对称互利共生 Y_3	$S_{13}(X_1, Y_3)$	$S_{23}(X_2, Y_3)$	$S_{33}(X_3, Y_3)$	$S_{43}(X_4, Y_3)$
对称互利共生 Y_4	$S_{14}(X_1, Y_4)$	$S_{24}(X_2, Y_4)$	$S_{34}(X_3, Y_4)$	$S_{44}(X_4, Y_4)$

表 4-1 中的一些共生关系模式往往是不存在的，如寄生型共生模式；有些模式难以长期存活下去，如偶然共生、偏利共生等。但总体而言，林—浆—纸广义绿色供应链的共生系统将按照特定的方向进行演变：从利益分配关系视角看，由寄生（Y_1）向对称互利共生（Y_4）方向进化（图 4-2）。在此过程中，随着共生利益关系对称性的改善，共生单元相互促进的程度将不断提高。

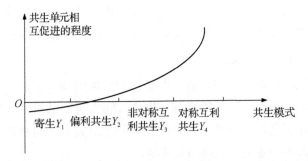

图 4-2　利益关系维度的共生模式与林—浆—纸广义绿色供应链互利程度的关系
Fig. 4-2 The relationship between the symbiosis modes of interest relationshipdimension and the mutual benefit of broad green supply chain for forestry-pulp-paper

从共生单元间交易频率的合作方式角度看，随着共生企业间合作关系稳固性的不断增强，共生系统的管理成本将不断降低；但当单体共生的组织规模过于庞大时，共生系统的管理成本反而会有所上升，如图4-3所示的"U形"结构。综合图4-2和图4-3可见，"连续性对称互利共生"是实现共生单元"多赢"的理想模式。

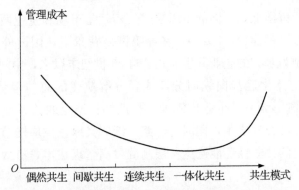

图 4-3　交易频率维度的共生模式与管理成本的关系
Fig. 4-3 The relationship between the symbiosis modes of the transaction frequency dimension and the management cost

4.1.3　组织机制维度

前述划分的偶然共生、间歇共生、连续共生和一体化共生四种模式，是市场化程度不断降低，一体化程度逐渐增加的过程，反映了共生单元在组织机制上从市场机制向科层机制的转化。以制浆造纸企业与林农建立原料林基地间的联结为例，上述几种共生模式正是共生单元之间接触频率不断增加、互动性逐渐增强、相互关系日益密切且趋于稳固的过程。

1. 市场机制共生模式

偶然共生和间歇共生都是基于市场机制形成的共生形式。其中，偶然共生是林—浆—纸广义绿色供应链共生单元间发生的随机性、偶然性和不确定性的市场交易，是一种近乎完全市场的组织类型；间歇共生是共生单元之间发生的不确定的间歇性市场交易。

2. 科层制共生模式

所谓科层制共生模式是指系统内共生单元间化成一个独立企业，形成了严格的科层制企业模式，所有交易都在这个企业中发生（Chertow，2000；朱玉强，2008）。林纸一体化共生模式其实是近似企业科层制的组织类型，这一模式的优点是：交易成本相对较小，但是企业规模对交易成本有很大影响，当一项管理交易边际成本大于市场边际成本时，系统内共生主体的新利益就会下降，运作效率也会降低。

3. 中间机制共生模式

在制度经济学上，不同的组织模式其实就是市场和企业两种机制间的不同组织形态（彭建仿，2010）。在经济网络背景下，国内外各界均较关注以中间机制为基础的企业共生模式。自20世纪末以来，中间机制呈现出一种由纵向一体化逐步向纵向分离或者分解演变的总体趋势（朱玉强，2007）。在这种形势下，企业连续的、长期的、稳定的关系就能避免市场不确定性的较高交易成本，同时林—浆—纸广义绿色供应链节点企业不仅能够保持自身的独立性还能避免科层制的过高管理成本，有效保证整条供应链的效益。

4.1.4 共生媒介维度

共生媒介指的是共生单元按照自身需要建立的一种联系和制度方式，包括信誉、股权、契约等。不同的共生媒介就会有不同的共生单元信息、能量传递。

1. 信誉性共生模式

该模式以信誉作为共生单元间相互交易的媒介载体，在不同交易频率的共生形式中都具有增进信赖与合作的作用。这种模式的前提是要求企业间均具有良好的信誉度，倘若企业间的信誉缺失，那么将难以维持后续的交易活动。以林—浆—纸广义绿色供应链共生模式为例，基于信誉度的模式最可能出现在交易的初期或者是成熟的连续交易期，共生单元因缺少了解或者非常了解都对建立契约有着较大的影响，缺少了解就导致未能建立契约关系，而非常了解就很有可能无需建立契约关系等。

2. 契约性共生模式

交易关系是林—浆—纸广义绿色供应链上的节点企业间在市场中的关系，交易成本的多少决定着相关企业收益的多少。不管是偶然、间歇，还是连续共生，建立契约关系均是一种实现交易的有效媒介，但会产生不同的交易成本。例如，偶然共生中随机或者偶尔的交易通常是在契约下一次性完成的，这种交易方式必然会产生较高的搜寻、谈判以及监督成本等（朱玉强，2008）。而在间歇共生模式表现出的不确定和不稳定状态下，(1) 共生单元为规避在交易中可能产生过多损失的风险一般不愿意进行资产专用性的投资，从而也就导致了企业间的交易成本较高；(2) 有些交易虽然不是在契约下一次性完成的，但是签订契约中由于信息的不对称可能会造成建立契约的不完整性，这时就会产生机会主义的风险。可以想象，随着从偶然共生模式到间歇共生模式再到连续共生模式的变化，林—浆—纸广义绿色供应链上的节点企业间的交易关系也会发生变化。例如，制浆造纸企业与林农间的交易关系从初期市场随机并购到部分签订短期合同再到长期合同等，交易关系也逐步稳定。

3. 股权性共生模式

股权性的共生模式具有公平性和利益对称性等特征，这种特征对于促进制浆造纸企业与营林基地、林农间的互利共生具有重要的意义和作用。无论在理论上还是在实践上，股份合作制都是构建林—浆—纸广义绿色供应链共生机制的一种较好的、高效率的制度安排。由于制浆造纸企业与营林基地、林农采用股份合作方式，双方按照股份进行利益分配，在具体实施中，共生利益分配关系的非对称现象就会在很大程度上得以避免。

4. 政策性共生模式

一般而言，政府在以政策为媒介的共生模式中起到平衡利益的作用。(1) 政府参与其中，会统筹考虑某地区和区域的林纸行业特点进行合理布局，提高土地利用效率；(2) 政府也会出台一些政策措施保障制浆造纸企业和林农间的共生利益,通过这种方式,既能提高森林生态效益,又能为制浆造纸储备好原材料,同时也能为林农提供更多的就业机会以增加林农收入等。总体而言,这种模式仅仅适合原料林建设的初期,政府能够起到统筹规划的作用,而在后期中,制浆造纸企业和林农、营林基地一旦运行起来,政府就只能起到监督作用而不再参与到具体运作管理中去。

4.1.5 空间布局维度

1. 卫星式共生模式

卫星式共生模式是指在特定区域内存在较大规模的企业,由于非经济规模效益,导致诸多企业从原来大型企业中拆分出来,制浆造纸企业群由于规模过大,导致管理效率低下,因而被拆分成若干制浆企业和造纸企业,这些制浆企业、造纸企业独立发展成为单个新企业,但是这些新企业间保持着良好的联系,或者由于成功经营吸引了其他行业的中小微企业等加入,并在此过程中建立了良好的上下游关系以及合作信任关系,最终形成一种稳定的集群状态(朱玉强,2008)。

2. 同产业集聚式共生模式

从空间视角看,同一产业在地理位置上的分散是限制实现规模化经济的重要因素。而产业集聚是抑制产业地方分散化的新途径。所谓产业集聚指的是诸多经营相似产品的企业在一定地域范围内的集聚,如美国的微电子、生物技术等。在集聚区域内,既有主导企业,又有提供配套服务的其他企业和机构等;既有上游企业,又有下游企业等;既有生产性企业,又有服务型机构等(杨加猛,2008)。

在产业集聚共生模式中,大量相同或相关产品类别的企业集聚在特定区域内,扩大了产品和要素的供给,也吸引了相关中间商、供应商和服务代理商的加入,从而可以实现企业间的资源、信息等的互补,降低交易成本,取得规模经济效益,集聚企业达到共赢(刘洪君,2010)。集聚化制浆造纸企业群可以利用要素和产品市场,带来交易的系列化,使得集聚企业获得原先不能获得的外部资源和经济性优势,创造出更多更有用的价值,不断提升企业核心竞争力。从交易成本角度看,集聚企业由于信息大量共享,使得企业间的运输成本、信息成本和搜寻成本等大大降低,使得企业获得大量廉价的木材资源,从而提高效率、降低交易成本等。

3. 异产业集群式共生模式

产业集聚到一定阶段后，通过利用企业内部的产业、专业要素和产品市场，可实现要素整合与协同，并完成环节的产出，使得企业间形成相互配合、相互协作的产业关联体，从而提升供应链企业间的核心竞争力。实际上，当前我国很多产业集聚区域的企业核心竞争力主要来源于廉价劳动力、距离原材料产地近的低成本优势等。林—浆—纸广义绿色供应链具有多产业高度关联性，以制浆造纸为核心，形成林业、物流、机械制造、绿色化工、能源供应等产业群，通过物质流动、能量流动等形成产业链。因此，随着集聚区生产经营竞争程度的激烈，促使企业间生产交易的刚性分工与柔性协作开始有机结合，产业发展进入集成化的集群阶段，形成真正专业化分工经济的产业生态群落。群落内的企业必然与自然资源、上下游企业、本土技术、人文、当地的政策环境融为一体，是一种互利共生、资源共享、竞争协同、互为供给、不向外界排放大量废弃物的产业集群。

4. 模块化网络共生模式

产业网络化共生模式是一个新阶段，它主要是指以集成化和模块化运作为契机的企业全球重组，其超越了任何一个系列公司的交易体系。自 20 世纪 90 年代以来，随着经济全球化、信息技术的发展和现代交通的进步，跨国公司大规模扩张，网络经济方式逐步取代产业垂直分工方式，各地区产业模块逐渐融入价值增值链和经营网络中。原有产业模块成为交易网络的一个节点，全球市场既为产业模块提供原材料、产品设计方案，也是最终产品的输出地。追求全球化的企业，通过构建、维护、交换网络数据等方式来达到资源在全球市场的最优配置，提高资源利用率。林—浆—纸广义绿色供应链可在特定的时间、地点，一定程度上建设国外营林基地，进而建立全球化的多渠道原料供应源，扩大原料来源，保障原料供应。

4.1.6 产权关系维度

根据共生单元间的所有权关系的不同，林—浆—纸广义绿色供应链共生模式可划分为自主实体共生和复合实体共生两类。

1. 自主实体共生模式

自主实体共生指的是参与的共生单元企业具有独立法人资格，不具备所有权上的隶属关系。共生单元依靠利益机制来驱动关系的维护与合作，而并非依赖于上级的直接命令（罗宏，2004）。当无法满足共生单元利益时，共生单元企业间就会停止这种合作关系；当能够满足共生单元利益时，共生单元间就会通过其他各种方式来强化这种关系。当然，随着业务的拓展，共生单元也会寻找更多的企业加入这一"体系"。林—浆—纸广义绿色供应链中层级共生要素中松散层要素与制浆造纸企业的关系属于这种共生模式。

2. 复合实体共生模式

所谓复合实体共生是指诸多共生单元企业同时属于一家大公司，它们是这个大公司的分公司或者生产车间。在组织机制上，这种共生模式就属于科层机制共生模式；在紧密程度上，这种模式属于一体化共生模式。这种模式的分开与合并，主要看公司的战略意图和资源优化、业务整合的需求等，这种模式中的共生体自身不具备自主权。林—浆—纸广义绿色供应链层级共生要素中的紧密层要素与制浆造纸企业的关系属于这种模式。基于不同视角划分的林—浆—纸广义绿色供应链共生模式间具有一定的对应关系，如图 4-4 所示。

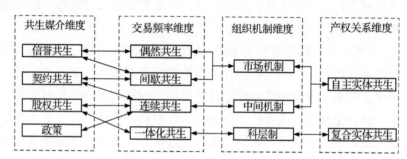

图 4-4　林—浆—纸广义绿色供应链共生模式的对应关系

Fig. 4-4　The corresponding relationship of symbiosis modes of broad green supply chain for forestry-pulp-paper

4.2　林—浆—纸广义绿色供应链共生模式的核心维选择

在 4.1 节选取了基本共生模式的六维度的基础上，本节主要从这六个维度来选取核心维度，共生媒介的畅通机制和共生利益的分配机制，再根据核心维度来构建基本共生模式。选择这两个核心维度的主要原因如下：首先，对于第一个维度，反映共生单元的直接参与程度，对于林—浆—纸广义绿色供应链而言，供应链上节点企业间的参与程度是关键，它们依赖于供应链进行价值流、物流、信息流等的交换与转化，同时，对于供应链上的节点企业来说，其原料来源是多方面的，来自多个层级。这些多个层级共同提供原料给核心企业，然后核心企业又通过供应链进行产供销一体化运作，最终送到终端客户消费者的手中，因此，这些节点企业的共生媒介极其重要，这也是为何选取这个维度的原因。其次，对于第二个维度：共生利益的分配机制，之所以选择这个维度是因为任何企业经营的目的均是为了实现经济利润最大化，对于林—浆—纸广义绿色供应链而言，节点上的任何企业间都是以利润最大化为生产目标的，倘若毫无经济利润，节点企业间的这种关系就不会产生，组成林—浆—纸广义绿色供应链也就毫无意义。因此，利益在林—浆—纸广义绿色供应链节点上的任何企业间的分配机制将有助于提高企业生产运营的积极性，进而更好地促进供应链条的延伸与拓展。

营林企业、制浆造纸企业、林农是林—浆—纸广义绿色供应链的基本共生单元，这些共生单元间共生关系的形成均会牵涉到这两个核心维度：(1) 共生媒介的畅通机制，反映共生体的参与程度；(2) 共生利益的分配机制，反映共生关系的核心动力。下面将叙述为何选取这两个维度来建立共生模式。

为进一步说明在六个维度中选取这两个核心维度来构建基本共生模式，下面将用表格来反映这六个维度的特性，并对其进行比较，见表 4-2。

表 4-2 六个维度特性比较及核心维度选取

Tab. 4-2 The comparison of the features of six dimensions and the selection of the core dimensions

序号	维度类别	是否选择作为核心维度	文献来源
1	利益关系维度	是	杨加猛（2008）
2	交易频率维度	否	Dumoulin（2017）
3	组织机制维度	否	Yap（2017）
4	共生媒介维度	是	杨加猛（2008）
5	空间布局维度	否	张红（2011）
6	产权关系维度	否	陈翔（2015）

根据表 4-2 中六个维度类别选取了两个核心维度，下面分别对这两个核心维度进行解释说明。

4.2.1 共生媒介的畅通机制

共生媒介是共生单元间相互作用、相互沟通的介质，共生媒介的性质对共生模式的变化产生影响。目前，制浆造纸企业与林农间存在诸多共生媒介，如市场、技术、科技、产量等。共生单元间通过共生媒介等进行物质和能量的交换和循环，因此就产生了一种共生媒介畅通机制，这种机制促进共生体间互利共生关系的形成。

造纸原料林的木材生产标准这一共生媒介，对林—浆—纸广义绿色供应链共生体的协调畅通将产生重要的影响。具体表现在：（1）木材产品的标准化生产技术使得制浆造纸企业与林农间的合同契约更加明了，这样就减少了合同签订的成本；（2）木材产品的标准化生产技术方便制浆造纸企业对于产品的源头管理，从而提高管理和协作效率等；（3）标准化运作将复杂的木材技术简化为诸多关键点，既降低了生产技术扩散成本，又提高了林农的造林业务能力，还有助于提高木材产品的质量；（4）标准化犹如"市场通行证"，通过提供可靠的、标准化的市场产品信息给市场，然后市场根据有用信息将"优等品"和"劣等品"区分开来，以便于顾客及时搜寻和识别产品，进而通过企业供应链来获得利润等（袁纯清，1998b）。

4.2.2 共生利益的分配机制

共生利益能否合理分配，直接关系着共生单元间的长期稳定性和发展方向。所谓的合理性，涉及的是投入与产出（收益）之间的匹配问题（孙洪杰，2006）。以制浆造纸企业与森林资源培育企业及林农的利益分配关系为例，理想的共生状态应保证共生收益的分配呈对称性，为此需要满足以下条件：

$$\frac{E_{s1}}{E_{c1}} = \frac{E_{s2}}{E_{c2}} = K_{sm} \qquad (4-1)$$

其中：

$$E_{s1} + E_{s2} = E_s ; \quad E_{c1} + E_{c2} = E_c \qquad (4-2)$$

式中，E_{s1} 表示制浆造纸企业收益；E_{c1} 表示制浆造纸企业投入；E_{s2} 表示森林资源培育企业的收益；E_{c2} 表示森林资源培育企业的投入；E_s 表示广义绿色供应链的整体共生收益；E_c 表示广义绿色供应链的整体共生投入；K_{sm} 表示对称互利共生稳定的分配系数。

在满足式（4-1）的共生状态下，共生单元间的利益分配具有公平特征，这样才能实现良好的激励作用，这只是理想状态下的关系，但是在实际生产中，共生单元间的利益分配往往会偏离理想的共生状态。

如果令

$$K_{si} = (1+\alpha) \times K_{sm} \quad (4-3)$$

式中，K_{si} 表示互利共生单元分配系数；α 表示互利共生单元偏离理想共生状态的系数，称为非对称分配因子。

若存在 α_0（α_0 为互利共生体不解体的临界非对称分配系数），则当 $\alpha \leqslant \alpha_0$ 时，共生单元仍然存在；当 $\alpha > \alpha_0$ 时，共生单元将解体。由此，扩展的共生稳定的分配条件为：

$$K_{si} = (1+\alpha) \times K_{sm}, \quad \alpha \leqslant \alpha_0 \quad (4-4)$$

式（4-4）构建了制浆造纸企业与森林资源培育企业及林农共生利益的分配关系，只有这样，才能促进和实现广义绿色供应链上的节点企业的共赢。一般木材原料和浆、纸产品与经过质量认证的符合标准的木材原料和浆、纸产品的投入是不同的，按照对称性分配原则，其获得的收益也应有所差异，即后者的收益应大于前者。仍以 K_{sm} 表示纸浆产品稳定供给的理想收益系数，K_{si} 表示实际收益系数，若存在 α_0（α_0 为浆纸产品稳定供给的临界非对称分配系数），则当 $\alpha \leqslant \alpha_0$ 时，制浆造纸企业愿意提供纸浆产品并且林农也愿意提供纸浆产品；当 $\alpha > \alpha_0$ 时，制浆造纸企业不再供给纸浆产品。式（4-4）表示扩展的浆纸产品稳定供给的收益条件。

可见，要获得优质的林、浆、纸产品的稳定供给，需要在整个产品供给系统中保证合理的收益，这是驱动制浆造纸企业与森林资源培育企业及林农长期稳定合作的动力所在。为此，一方面政府要通过建立浆纸产品的质量安全检测和监控体系，加大检查处罚力度，为制浆造纸企业与森林资源培育企业及林农协作提供良好的共生环境。另一方面，作为产品供给方，制浆造纸企业与森林资源培育企业及林农也应重视优质林、浆、纸产品的质量认证工作，强化认证意识和品牌意识，以品牌化、差异化的产品赢得市场（彭建仿，2010）。

4.3 林—浆—纸广义绿色供应链的核心维共生模式设计

根据公平理论,共生媒介的畅通机制实际上反映的是共生单元间通过相互参与、共同接触和互动等而达到提高认同的公平机制;共生利益分配机制反映的是共生单元利益诉求的结果性公平。如 4.2 节所述,基于共生媒介畅通和共生利益分配这两个核心机制,构建了能够反映林—浆—纸广义绿色供应链共生关系的四种基本模式:单一双低型共生模式、利益偏废型共生模式、媒介偏废型共生模式、多元两高型共生模式(见图 4-5)。

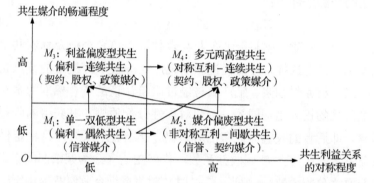

图 4-5 基于核心维的林—浆—纸广义绿色供应链共生模式矩阵构建

Fig. 4-5 The construction of the symbiosis modes matrix of broad green supply chain for forestry-pulp-paper based on the core dimensions

图 4-5 基于两个核心维度构建了林—浆—纸广义绿色供应链基本共生模式矩阵,共有四种基本共生模式,分别对其命名为:单一双低型共生模式 M_1、媒介偏废型共生模式 M_2、利益偏废型共生模式 M_3、多元两高型共生模式 M_4。下面分别根据图 4-5 所示的林—浆—纸广义绿色供应链的四种基本共生模式来进行分析。

4.3.1 单一双低型共生模式

在图 4-5 中,单一双低型共生模式共生利益对称程度和共生媒介的畅通度都较低,在这种状态下,林农和林—浆—纸广义绿色供应链共生单元间由于利益最大化的目标,就会表现为不连续随机的共生性关系。这种模式的特点是:(1)在共生单元紧密程度上,这种模式的特点是点共生;(2)在共生单元的空间布局上,这种模式属于卫星式共生;(3)在产权关系上,这种模式具有资助实体共生特点。

4.3.2 媒介偏废型共生模式

当共生媒介畅通程度低而共生利益关系为非对称互利关系时,表明共生单元间以利益共享结果作为彼此认可的条件("既利己又利他"的互利共生),共生各方意识到相互合作(不止一次)的重要性而采取协作的合作方式(间歇共生),以收益结果的公平性弥补界面畅通过程的不公平。此时,共生单元间表现出的是一种收益结果驱动型的共生关系。

虽然媒介偏废型共生关系(非对称互利间歇共生)的共生系统比较松散,但共生单元间具有较强的动态性和柔性化特征,合作各方可以通过定期互访和交流,增加彼此的信息共享程度,提高合作尤其是某些关键部位合作的信心。而且,为了维持广义绿色供应链共生单元间的互利共生关系,媒介偏废型共生模式必然要求共生单元各方获得越来越多的收益。在林—浆—纸广义绿色供应链的总体效益增大的前提下,相对于加入供应链共生体时间较短的成员而言,某一方加入的时间越长,获得的收益越多(尤其是针对处于弱势地位的林农而言)。在间歇式的相互作用中,共生单元都会获得以收益提高为内涵的进化提升,并且主要表现为制浆造纸企业的进化提升带动林农的进化提升(彭建仿,2010)。这一结果正是对供应链上成员企业间继续合作和保持稳定的回报。

4.3.3 利益偏废型共生模式

当共生利益关系对称程度低而共生媒介的畅通程度较高时,为保持良好的共生关系,共生各方一般需要以媒介畅通的过程性公平弥补利益分配关系的不公平,属于一种"过程先导型"共生。例如,制浆造纸企业以具有优势的市场信息、技术培训、现场指导、资金注入等为媒介,林农以具有优势的劳动力、林地使用权等为媒介,借助契约或股权等畅通的媒介形式建立起互动的信任关系。基于彼此的信任和对未来回报的乐观预期,在利益分配时,制浆造纸龙头企业等综合实力较强的一方会表现出更强的利他倾向:在木材市场波动时,为保证合作林农的收益,即便企业眼前没有收益,也会按保护价收购林农手中的木材,以赢得林农的信任和后续合作,从而出现有利于林农的偏利共生结果。在供应链构建初期或与具备一定专长、互补性较好的林农进行示范性合作时,造纸企业的这一倾向更为明显。而基于龙头企业利他行为的榜样和受益林农的口碑效益,将有更多符合共生条件的新林农加入共生体系。

4.3.4 多元两高型共生模式

在图4-5中,多元两高型共生模式指的是多元化共生手段、高度共生媒介畅通度、高度共生利益分配度,这是一种理想的目标模式,备受林—浆—纸广义绿色供应链共生单元企业的青睐。

在供应链联盟成员企业共生关系中,连续互利共生模式是一种理想的目标取向。因为在该模式下,制浆造纸企业与林农等共生单元间都可以从合作中获得益处,彼此的机会主义行为减少,增加专用性资产投资的意愿增强,生产安全优质产品的行为更趋协同。当共生媒介畅通程度和共生利益关系对称程度都较高时,表明共生单元间以增进互信、长期稳定、互利共赢为原则,过程性公平和结果性公平得以统一,表现为连续互利的成熟型共生关系。如前所述,互利共生有价值分配的对称性与非对称性的区别。其中,对称互利共生使共生单元间的物质、信息和能量生产与交换都达到最高效率,共生单元处于最为理想的共生状态中,是所有共生形态的目标类型和目标状态,但在实际运行中实现这一绝对的对称互利共生非常困难。因此,非对称互利共生就成为影响最广、最为常见和成熟的一种目标模式。

4.4 本章小结

林—浆—纸广义绿色供应链共生体的共生单元与共生环境的相互作用方式和强度不同,本章基于不同的视角或维度,即从利益关系、交易频率、组织机制、共生媒介、空间布局、产权关系等可以对共生单元之间、共生单元与共生环境间的作用方式、强度做出深入、有效、较为全面的分析。其中,共生媒介直接反映了共生单元的参与程度,多个层级的原料来源与核心层企业依赖供应链进行价值流、物流、信息流等的交换与转化,因此，这些节点企业的共生媒介极其重要。共生利益的分配机制是林—浆—纸广义绿色供应链的关键，经济利润最大化是供应链上的节点企业的经营目的，高效的分配机制将有助于提高节点企业生产运营的积极性，进而更好地促进供应链条的延伸与拓展。根据共生媒介和共生利益这两个核心维度将林—浆—纸广义绿色供应链共生模式分为四种：单一双低型共生模式、媒介偏废型共生模式、利益偏废型共生模式和多元两高型共生模式。单一双低型共生模式的共生利益对称程度和共生媒介的畅通度都较低，如果共生利益对称程度或共生媒介的畅通程度提高，这种共生模式会向其他三种模式转变。媒介偏废型共生模式、利益偏废型共生模式也存在这样的特点。

5 广义绿色供应链共生模式效益评价与最优模式筛选

根据本书研究目的和研究内容,在第 4 章利用两个核心维度设计了单一双低型共生模式 M_1、媒介偏废型共生模式 M_2、利益偏废型共生模式 M_3、多元两高型共生模式 M_4 四种基本共生模式的基础上,本章主要目的是对这四种基本共生模式分别进行资源效益、价值效益、生态效益评价,根据效益评价结果筛选最优共生模式。本章内容具体安排如下:首先,根据指标选取的相关原则,基于 ISM 方法选取效益评价指标体系,并对指标体系进行释义;其次,确定好效益评价方法,并搜集、分析和处理相关数据等;然后,根据效益评价方法和相关数据对单一双低型共生模式、媒介偏废型共生模式、利益偏废型共生模式、多元两高型共生模式进行生态效益、经济效益和价值效益评价得出效益评价结果;最后,根据效益评价结果筛选出最优共生模式,并就最优共生模式进行生态效益、价值效益和经济效益分析,借此详细设计了最优共生模式,为第 6 章最优共生模式的 Multi-Agent 运行机制研究奠定基础。

5.1 效益评价指标体系选取与释义

指标体系选取的好坏直接影响效益评价的结果。因此,科学选取效益评价指标体系至关重要。指标体系选取不是漫无边际,也不是随心所欲,而是要遵循一定的原则。而科学选取指标体系需要选择一定的方法,方法的得当与否也决定着指标选取的好坏,所以,方法的选取和指标选取的原则对于效益评价指标体系的选择具有重要作用。

5.1.1 指标体系的选取原则

欲对林—浆—纸广义绿色供应链共生模式进行效益评价，首先必须选取效益评价指标体系，这是一般效益评价首先必须要解决的问题。而指标体系并不是随意选取，必须要遵循一定的科学原则。根据林—浆—纸广义绿色供应链共生模式的内涵及发展特性，在构建林—浆—纸广义绿色供应链共生模式的效益评价时，应该遵循以下原则。

1. 系统性原则

长期以来，我国林业和造纸相互分离，对林—浆—纸广义绿色供应链的发展极为不利，因此，希望通过林—浆—纸广义绿色供应链来解决。林—浆—纸广义绿色供应链共生模式的效益评价指标选取首先应当考虑系统性原则，因为林—浆—纸广义绿色供应链是一个共生系统，且是一个复合的系统工程。系统内部要素相互协作、相互关系才构成了这个完整的林—浆—纸广义绿色供应链共生整体。因此，效益评价指标体系也要全面考虑系统性原则：（1）以"林—浆—纸广义绿色供应链共生、全局视域"来考虑指标的设计，包括能够反映整体特性的指标；（2）注重长期效益和短期效益相结合；（3）从多层级、多角度进行考虑等。

2. 导向性原则

对林—浆—纸广义绿色供应链共生模式效益评价是为比较不同模式间的作用效率以便更好地服务和反馈结果，而效益评价指标的建立就是为了科学评价效益。为了反映林—浆—纸广义绿色供应链不同共生模式的运作效果，继而发现不同模式的优势和揭示不同模式存在的问题，以便为国家或地区如何更好选择最优模式提供参考依据和理论指导，因此，指标体系的建立应遵循可持续发展的原则，应与林—浆—纸广义绿色供应链共生模式密切相关，综合考虑国内、国际外部变化的环境，突显国内、国际实施林—浆—纸广义绿色供应链的导向性，并且能够从中总结经验、发现不足，以便能够在林—浆—纸广义绿色供应链共生模式选择中因地制宜、突出创新等。

3. 全面性原则

林—浆—纸广义绿色供应链涉及面广，涉及层次较多，在构建评价指标体系时，指标覆盖面应尽可能完整地反映林—浆—纸广义绿色供应链所涉及的各方面的因素。林—浆—纸广义绿色供应链虽然内容比较复杂，是个复杂的系统工程，但是效益评价的指标不能覆盖面太小，因此，就需要考虑全面性原则，确保指标体系能够全面反映林—浆—纸广义绿色供应链诸方面的特征：（1）应同时兼顾宏观、中观、微观等层面；（2）应该同时兼顾核心层、紧密层、松散层、协作层企业；（3）应同时兼顾林—浆—纸广义绿色供应链共生系统内部链企业和外部链企业；（4）应注意结构合理、层次分明、概念清晰、内涵确切，各个层面上的指标应相互均衡。

4. 科学性原则

评价指标体系的选取对于效益评价结果具有相当重要的影响，指标体系选取的好坏直接关系到评价结果的准确与否，因此，在指标体系选取时应考虑科学性原则。为确保效益评价指标体系选取的科学性，必须做到：（1）选取的指标体系能够反映林—浆—纸广义绿色供应链共生模式的特性、内涵等；（2）选取的指标体系能够具有相关性和稳定性，且所有指标能够形成相互联系的统一整体；（3）选取的指标体系要以软性分析为主，具有前瞻性，软性指标更有利于利用专业人员的知识和经验，弥补硬性指标在共生效益评价中的不足；（4）选取的指标体系要能够契合实际情况，遵循客观规律，不能随意化，要具有科学内涵；（5）虽然林—浆—纸广义绿色供应链共生模式的综合效益评价是个非结构化问题，但是若选取的指标能够将非结构化问题转化为结构化问题就具有科学价值。

5. 可比性原则

为使得林—浆—纸广义绿色供应链共生模式的效益评价结果能够在国内和国际上推广，在选取林—浆—纸广义绿色供应链共生模式的效益评价指标时需要考虑可比性原则。要使得指标具有可比性，必须做到：（1）指标体系和评价方法要能对接上，并且还要符合国内、国际的评价惯例；（2）使用国内、国际上通用的概念等；（3）计算步骤明确，计算结果准确可靠、直观；（4）评价结果不仅要能够反映相同地区不同共生模式间的比较，还要能够反映相同共生模式在不同地区间的比较；（5）在一定程度、时间上能够消除外界不可控因素对评价结果的影响。

6. 简明性原则

林—浆—纸广义绿色供应链系统非常复杂，面广而繁杂，因此，在选取林—浆—纸广义绿色供应链的效益评价指标体系时，需要考虑简明性原则，即用较少的、简洁的指标来全面反映林—浆—纸广义绿色供应链的关键问题，同时，还要保证指标不能重复、具有针对性等。

其实，在实际工作中，以上系统性原则、导向性原则、全面性原则、科学性原则、可比性原则、简明性原则均是选取指标的必要原则，本节根据以上这些主要原则来选取林—浆—纸广义绿色供应链基本共生模式的效益评价指标。

5.1.2 基于 ISM 方法选取的指标体系

截至目前，我国尚无一套比较科学、客观、权威且系统的林—浆—纸广义绿色供应链共生模式的效益评价指标体系，且目前也没有相对客观权威的测度方法。目前，解释结构模型是较为常用的结构模型化技术的一种，它由 J. 华费尔特（美）开发而建立，它的全英文名为 Interpretative Structural Modeling，取各单词的首字母，简称：ISM。ISM 现常被用于系统工程领域中，它的基本原理是：它能够将繁杂的复合系统分解为若干简单的子系统，利用人们的实践经验和互联网技术等，最终形成一个多阶级的矩阵结构模型。目前，ISM 的应用领域在逐步增多，从系统工程逐步扩充到能源、企事业、教育学等众多相关领域。它属于定性模型，可以把非结构化的概念事物转化为结构化的、系统的概念事物等，也属于定性模型中的概念模型。它对于揭示系统内部结构和要素属性等具有重要作用。本书就选择 ISM 方法对共生模式的效益进行评价。其中 ISM 的操作流程如下：(1) 建立 ISM 成员组：包括专家、技术人员、协调人员等；(2) 拟写出重要及关键问题；(3) 识别影响系统重要和关键问题的主要因素；(4) 分析各要素相对于系统的相关性；(5) 根据分析的相关性，建立临界和可达矩阵；(6) 根据可达矩阵进行分解变量，同时建立结构模型；(7) 通过结构模型建立相关 ISM。因此，本书通过 ISM 方法构建了林—浆—纸广义绿色供应链共生模式的效益评价指标体系，具体操作过程如下。

1. 确定林—浆—纸广义绿色供应链共生模式的效益评价指标及其关联

资源链、价值链、生态链三链合一是实现林—浆—纸广义绿色供应链共生发展的核心内容。本书依据林—浆—纸广义绿色供应链共生结构的特殊性，参考张智光从资源效益（S_{21}）、价值效益（S_{20}）和生态效益（S_{19}）三方面构建林—浆—纸广义绿色供应链的共生效益（S_{22}）评价指标体系（张智光，2011）。根据本专业领域诸多专家的咨询意见并筛选，最终确定了林—浆—纸广义绿色供应链共生模式的资源效益、价值效益和生态效益的主要影响因素分别为：资源循环利用率 S_1、产品达标率 S_2、资源消耗强度 S_3、森林认证比例 S_4、基地合作稳定性 S_5、原料交易成本 S_6、空间布局合理性 S_7、共生媒介的畅通性 S_8、纸浆林 CO_2 吸收量 S_9、资源链长度与闭合性 S_{10}、共生单元的互利性 S_{11}、原料自给率 S_{12}、规模经济性 S_{13}、林地生产力 S_{14}、经营风险防范度 S_{15}、控制污染水平 S_{16}、森林面积总量 S_{17}、森林蓄积总量 S_{18}。

设系统 $S_i=\{S_1,S_2,\cdots,S_{22}\}$，构建该系统的可达矩阵 R 为 $[r_{ij}]$。当 r_{ij} 为 1 时，称要素 S_i 可达 S_j，记为 $S_i \rightarrow S_j$；当 r_{ij} 为 0 时，称要素 S_i 不可达 S_j，可达矩阵具有自反性和传递性特征（蔡长林，1992）。然后，根据本专业领域的相关专家咨询、研讨等的结果，来建立系统各要素间的相互有向关系，再来直接构建可达矩阵 R 如下：

$$R=\begin{bmatrix}
1 & 0 & 0 & 0 & 0 & 0 & 0 & 0 & 0 & 0 & 0 & 0 & 0 & 0 & 0 & 0 & 1 & 0 & 0 & 1 \\
0 & 1 & 0 & 0 & 0 & 0 & 0 & 0 & 0 & 0 & 0 & 0 & 0 & 0 & 0 & 0 & 1 & 0 & 1 \\
0 & 0 & 1 & 0 & 0 & 0 & 0 & 0 & 0 & 0 & 0 & 0 & 0 & 0 & 0 & 0 & 1 & 0 & 0 & 1 \\
0 & 0 & 0 & 1 & 0 & 0 & 0 & 0 & 0 & 0 & 0 & 0 & 0 & 0 & 0 & 0 & 1 & 0 & 0 & 1 \\
0 & 0 & 0 & 0 & 1 & 0 & 0 & 0 & 0 & 0 & 0 & 0 & 0 & 0 & 0 & 0 & 0 & 0 & 0 & 1 \\
0 & 0 & 0 & 0 & 0 & 1 & 0 & 0 & 0 & 0 & 0 & 0 & 0 & 0 & 0 & 0 & 1 & 0 & 0 & 1 \\
0 & 0 & 0 & 0 & 0 & 0 & 1 & 0 & 0 & 0 & 0 & 0 & 0 & 0 & 0 & 0 & 1 & 0 & 0 & 1 \\
0 & 0 & 0 & 0 & 0 & 0 & 0 & 1 & 0 & 0 & 0 & 0 & 0 & 0 & 0 & 0 & 1 & 0 & 0 & 1 \\
0 & 0 & 0 & 0 & 0 & 0 & 0 & 0 & 1 & 0 & 0 & 0 & 0 & 0 & 0 & 0 & 1 & 0 & 0 & 1 \\
0 & 0 & 0 & 0 & 0 & 0 & 0 & 0 & 0 & 1 & 0 & 0 & 0 & 0 & 0 & 0 & 0 & 0 & 0 & 1 \\
0 & 0 & 0 & 0 & 0 & 0 & 0 & 0 & 0 & 0 & 1 & 0 & 0 & 0 & 0 & 0 & 0 & 1 & 0 & 1 \\
0 & 0 & 0 & 0 & 0 & 0 & 0 & 0 & 0 & 0 & 0 & 1 & 0 & 0 & 0 & 0 & 0 & 1 & 0 & 1 \\
0 & 0 & 0 & 0 & 0 & 0 & 0 & 0 & 0 & 0 & 0 & 0 & 1 & 0 & 0 & 0 & 0 & 0 & 1 & 1 \\
0 & 0 & 0 & 0 & 0 & 0 & 0 & 0 & 0 & 0 & 0 & 0 & 0 & 1 & 0 & 0 & 0 & 0 & 1 & 1 \\
0 & 0 & 0 & 0 & 0 & 0 & 0 & 0 & 0 & 0 & 0 & 0 & 0 & 0 & 1 & 0 & 1 & 0 & 0 & 1 \\
0 & 0 & 0 & 0 & 0 & 0 & 0 & 0 & 0 & 0 & 0 & 0 & 0 & 0 & 0 & 1 & 0 & 0 & 1 & 1 \\
0 & 0 & 0 & 0 & 0 & 0 & 0 & 0 & 0 & 0 & 0 & 0 & 0 & 0 & 0 & 0 & 1 & 0 & 0 & 1 \\
0 & 0 & 0 & 0 & 0 & 0 & 0 & 0 & 0 & 0 & 0 & 0 & 0 & 0 & 0 & 0 & 0 & 1 & 0 & 1 \\
0 & 0 & 0 & 0 & 0 & 0 & 0 & 0 & 0 & 0 & 0 & 0 & 0 & 0 & 0 & 0 & 0 & 0 & 1 & 1 \\
0 & 0 & 0 & 0 & 0 & 0 & 0 & 0 & 0 & 0 & 0 & 0 & 0 & 0 & 0 & 0 & 0 & 0 & 0 & 1
\end{bmatrix}$$

2. 构建结构模型

(1) 系统 S 中的强连通子集单元 S_i 划分

【定理 1】 "设系统可达矩阵 $\boldsymbol{R}=[r_{ij}]$，$\boldsymbol{RI}=[a_1,a_2,\cdots,a_n]^T$，其中，$\boldsymbol{I}$ 为列向量，向量数值均为 1。则 S_i 和 S_j 均为系统 S 的强连通单元子集，需要满足：$a_i=a_j>1$ 且在 $\boldsymbol{R}=[r_{ij}]$ 中，r_{ij} 和 r_{ji} 均为 1"（陈琳等，2006）。

根据前面所述的可达矩阵，可求得 $\boldsymbol{RI}=[3,3,3,3,3,3,3,3,3,3,3,3,3,3,3,3,3,3,2,2,2,2]^T$，则满足定理 1 的强连通子集可能存在于 $\{S_1,S_2,S_3,S_4,S_5,S_6,S_7,S_8,S_9,S_{10},S_{11},S_{12},S_{13},S_{14},S_{15},S_{16},S_{17},S_{18}\}$ 和 $\{S_{19},S_{20},S_{21}\}$ 中。由定理 1 中的第二个条件可知，不存在系统 S 的强连通子集 S_i。

(2) 系统 S 的层次级别与分部划分

若 S_i 是系统 S 的子集，则需要满足以下条件：$R(S_i)=R(S_i)\cap A(S_i)$ 且 $R(S_i)$ 为要素 S_i 的可达集合，由可达矩阵 $\boldsymbol{R}$ 第 i 行中所有元素为 1 的列所对应的要素构成；$A(S_i)$ 为要素 S_i 的前因集，由可达矩阵 $\boldsymbol{R}$ 第 i 列中所有元素为 1 的行所对应的要素构成（汪应洛，1998）。据此可找出林—浆—纸广义绿色供应链共生模式效益评价系统的最高一级节点 $L_1=[S_{22}]$，将要素 S_{22} 从可达矩阵中划去相应的行和列，再从剩下的可达矩阵中寻找新的最高级要素，依次类推，就可找出系统的第二级节点 $L_2=[S_{21},S_{20},S_{19}]$，第三级节点 $L_3=[S_1,S_2,\cdots,S_{18}]$。

对第二、三级节点要素进行分部划分。若两要素 S_i、S_j 在同一分部，则 $R(S_i)\cap R(S_j)\neq\Phi$，否则它们分属不同分部（汪应洛，1998）。由此划分出系统的三个子系统为：$\{S_{21},S_{12},S_{17},S_{18},S_{14},S_5,S_{15}\}$、$\{S_{20},S_6,S_{11},S_{13},S_7,S_2,S_8,S_{10}\}$ 和 $\{S_{19},S_9,S_3,S_{16},S_1,S_4\}$。根据层次级别和分部划分结果，图 5-1 给出了林—浆—纸广义绿色供应链共生模式效益的影响因素结构模型。

如图 5-1 所示，根据相应的指标名称和代码，将其代入图 5-1 系统模型中即可得到 ISM 解释结构模型并以此作为林—浆—纸广义绿色供应链共生模式效益评价的指标体系，图 5-2 给出了林—浆—纸广义绿色供应链共生模式效益评价整套指标体系。

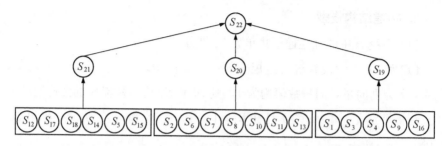

图 5－1 林—浆—纸广义绿色供应链共生模式效益系统结构
Fig. 5－1 The system structure of the performance of symbiosis modes of broad green supply chain for forestry-pulp-paper

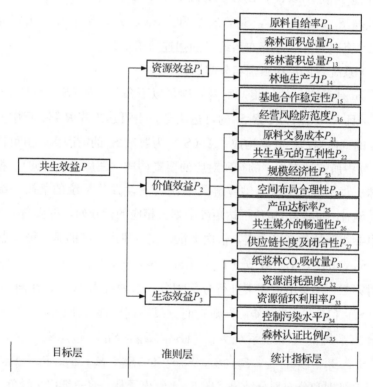

图 5－2 林—浆—纸广义绿色供应链共生模式的效益评价指标体系
Fig. 5－2 The indicators system of the performance of symbiosis modes of broad green supply chain for forestry-pulp-paper

5.1.3 指标体系释义

运用解释结构模型 ISM，在构建林—浆—纸广义绿色供应链共生模式的效益评价指标体系后，还需要对指标体系进行释义，具体如下。

（1）共生模式的资源效益指标 P_1。林—浆—纸广义绿色供应链共生模式的资源效益是指基于可持续发展的目标理念，改善森林战略资源的储备状况和保障造纸原料的稳定供给能力，从而为林浆纸产业经济发展做出贡献，具体包括以下六项指标。

① 原料自给率 P_{11}。原料是造纸企业的生命线，当今造纸工业发达国家的大型造纸企业普遍能达到 90% 以上的原料自给率。该项指标可以反映制浆造纸企业采取相关林—浆—纸广义绿色供应链共生模式后的资源保障效果。

② 森林面积总量 P_{12}。对于资金投入和资源保障效果来说，完全由制浆造纸企业营造自有原料林基地存在着一定的困难，采取多种渠道并举的原料林基地建设方式成为推进林—浆—纸供应链绿色化的必然选择。不同的林—浆—纸广义绿色供应链共生模式拥有原料林的面积总量会有所差别，该指标可以反映不同共生模式在扩大原料林面积上的能力。

③ 森林蓄积总量 P_{13}。该指标与原料林面积总量指标结合起来考虑，可以进一步反映不同林—浆—纸广义绿色供应链共生模式在原料林资源最终保有量上的实际水平。

④ 林地生产力 P_{14}。在造纸原料林的种植和产出水平上，国内与欧美地区的林纸发达国家相比仍存在一定的差距。实行定向培育，增加林木资源培育中的科技含量，是提高林木生长速度、提高林地蓄积和出材量的重要途径。因此，林地生产力反映不同林—浆—纸可以广义绿色供应链共生模式在单位森林资源产出水平上的效果。

⑤ 基地合作稳定性 P_{15}。林—浆—纸广义绿色供应链的主要目标之一在于保障浆纸企业原材料的充分和稳定供给。制浆造纸公司的造纸原料林建设能力是相对有限的，原料林基地建设中的多方参与和稳定合作，对于实现上述目标至关重要。但不同的林—浆—纸广义绿色供应链共生模式，其基地建设中的合作稳定性有所不同。

⑥ 经营风险防范度 P_{16}。经营风险来源主要有三方面：一是林木在生长过程中，可能要遭受外界低温、大风、干旱等自然灾害等的威胁；二是

林木具有长周期性，而在这长周期中，一些生产合作企业由于无其他强制性契约、合同等，从而存在合作信息不对称的风险；三是不同的协作共生模式，其面临的风险也是不同的。经营风险防范主要是针对这些经营风险而采取的防范措施以最大限度地降低经营风险，从而利于林—浆—纸广义绿色供应链企业间的共生。

(2) 共生模式的价值效益指标 P_2。林—浆—纸广义绿色供应链共生模式的价值效益是指在发展林木资源的基础上，将社会、生态系统整合到产业经营运作及其价值利益创造的共生活动中，以实现共生系统的总体价值最大化。具体通过以下七个指标予以反映。

① 原料交易成本 P_{21}。交易成本是企业运作过程中必须要考虑的因素，因而降低交易成本是每个企业的期望。原材料是林—浆—纸广义绿色供应链上节点企业的第一车间，原材料经过节点企业间的市场交易输送到其他节点企业进行重新配置资源和原材料以降低生产交易成本。除此之外，林—浆—纸广义绿色供应链上的节点企业还可以将产前、产中、产后等环节联合来获得更大的规模效益，通过提高原料的质量来使得外部利益内部化，之后无需再过度依赖于市场，甚至主动破除市场交易的藩篱。因此，降低原料交易成本是林—浆—纸广义绿色供应链共生模式效益提升必须考虑的重要因素之一。

② 共生单元的互利性 P_{22}。共生单元间的共生利益分配关系的对称性反映了共生效益在结果上的公平性。对于不同的林—浆—纸广义绿色供应链共生模式，其共生利益分配关系的公平性是不一样的。

③ 规模经济性 P_{23}。规模经济性即所谓的规模经济效益，不同林—浆—纸广义绿色供应链企业的规模性经济差异不同，且这种差异性十分明显，因此，提高企业的规模效益是林—浆—纸广义绿色供应链共生模式所必须要考虑的要素之一，规模性越好，其规模性经济条件就越好，反之则越差。

④ 空间布局合理性 P_{24}。根据国家相关文件的要求，鼓励、推动林纸一体化发展模式需要根据国家各地区的不同气候、气温、降水量、光热资源等来优化产业结构，科学合理地配置资源，进而提高林—浆—纸广义绿色供应链共生模式的效益水平。总体上看，东部地区，降雨量充沛，降雨量在 500 mm 线以外，长江以南是重点而长江以北为调整区；西部地区，干旱少雨，降雨量在 500 mm 线以内，水资源缺乏，林木生长慢，生态环境十分脆弱，且水体自净能力也十分薄弱，除少量采用灌溉技术外，其余

地区不作为林—浆—纸广义绿色供应链共生模式，即是林浆纸一体化的实施建设地区。此外，不同的布局方式其林—浆—纸广义绿色供应链共生模式的效益也是不同的，因此，空间布局合理性也是林—浆—纸广义绿色供应链共生模式的效益评价应该选择的因素之一，各地区或区域也正是根据空间分布情况来选取发展林—浆—纸广义绿色供应链共生模式，进而提升其在空间布局上的效益水平。

⑤ 产品达标率 P_{25}。整体而言，纸及纸制品的质量能够充分体现国家经济和科技水平。随着生活水平的提高和科技的快速发展，人们对纸和纸制品的多元化需求越来越高，因此，就必须要求纸和纸制品的高质量。低质量的纸和纸制品在一定程度上会降低企业的诚信度、认可度、核心竞争力，有损企业在公众心中的形象等。因此，不能让低质量产品猖獗。产品的达标率是企业产品质量的保障，产品的低合格率增加了企业的废品率，提高了生产成本，降低了企业的纸产品竞争力。产品达标率高，意味着企业对于同等质量的产品相对其他企业可以制定相对较低的定价。该指标包括纸产品、浆及木材纤维的达标率。

⑥ 共生媒介的畅通性 P_{26}。保持共生媒介的良好畅通是林—浆—纸广义绿色供应链共生模式的主要机制之一。在不同共生模式中，其共生媒介（自发性市场、契约、股权等）的畅通性有所差别。一般而言，共生媒介的畅通性越好，其共生的过程越顺利，共生效益越好。

⑦ 供应链长度及闭合性 P_{27}。从绿色供应链视角来研究林—浆—纸广义绿色供应链上各节点企业间的共生模式及其运行机制是对依靠林—浆—纸广义绿色供应链的核心公司来实现林纸协同发展这一传统思维的重要突破。以原料资源为核心的林纸结合将有力带动林—浆—纸广义绿色供应链上各节点的纵向拓展和闭合循环链的形成。供应链长度及闭合性指标旨在考察森林资源绿色采伐、化学和物理加工、制浆造纸原料和能源回收利用等循环链的形成情况及其效果。

(3) 共生模式的生态效益指标 P_3。林—浆—纸广义绿色供应链共生模式的生态效益是指林—浆—纸广义绿色供应链在地区生态环境品质的改善上所做出的贡献。

① 纸浆林 CO_2 吸收量 P_{31}。森林是陆地生态系统的主体，人类的任何活动均与森林有关。森林是陆地生态系统的储碳主体，也是陆地上的最大碳库。据 IPCC 数据显示，陆地生态系统储存了 2.48 万亿 t CO_2，其中森

林生态系统储存了 1.15 万亿 t CO_2，占比 46.37％。研究显示，森林每生长 1 m^3 蓄积，平均吸收 1.83 t CO_2，释放出 1.62 t O_2。因此，该项指标可以有效反映林—浆—纸广义绿色供应链在减缓气候变化上的碳汇功能。

② 资源消耗强度 P_{32}。制浆造纸行业产业链条长、涉及面广，具有资金技术密集和能源消耗较大的特点，"节能、节水、降耗、减污、增效、绿色化"成为制浆造纸工业的硬性目标。该指标通过单位纸或浆产品总能耗、总水耗和净水耗量来衡量。因此，林—浆—纸广义绿色供应链共生单元的资源消耗强度可以成为衡量其生态效益的有效指标之一。

③ 资源循环利用率 P_{33}。我国是世界最大的木浆和废纸进口国，2016 年消耗的木浆中 65％来自进口，消耗的废纸中 38％来自进口。在未来一段时间内，我国造纸工业的发展仍将很大程度依赖进口纤维原料。因此，在推进林—浆—纸广义绿色供应链的建设过程中，加大废纸回收和综合利用，既可以提高国内的纤维原料自给水平，也可以带来显著的生态效益。同时，还应考察林—浆—纸广义绿色供应链在生态效益良性循环上的贡献，内容上包括对森林经营过程中剩余物的综合利用，浆、纸产品在生产过程中的碱回收率，水重复利用率，废水再利用率，固废综合利用率等。

④ 控制污染水平 P_{34}。制浆造纸业被公认为是环境"杀手"，各地区的制浆造纸企业是环保部门的重点管控对象。节能减耗是制浆造纸企业的长期目标，即保障环保设施正常运转，降低废水排放中的化学需氧量（COD），及控制氨氮排放强度，降低对环境和生态的负面影响。

⑤ 森林认证比例 P_{35}。成立于 1993 年的森林管理委员会（Forest Stewardship Council，FSC）组织已扩展到全球大多数国家。FSC 的服务宗旨是为全球森林管理服务，力求保护森林、保护森林资源、承担社会责任，实现经济与生态的协同发展和良性运行。欧美的一些消费者已经拒绝购买没有合法来源证明的木制品。2009 年 1 月，FSC 宣布：美国前任总统奥巴马的 100 万份就职邀请函采用 FSC 认证的纸张印刷。可见，实施 FSC 认证是对森林及森林生态系统的全方位的保护，它将为我国林—浆—纸广义绿色供应链企业提供一个符合国际环境标准和国内外市场需求的可信的解决方案。遵守了 FSC 受控木材五个标准的森林经营单位能够向 FSC 产销监管链活动供应 FSC 受控木材。FSC 受控木材支持 FSC 混合来源的生产，通过为认证企业提供控制其产品组中非 FSC 认证木材的工具，来避免木制品生产对社会和环境造成的最大破坏。

5.2 效益评价方法

5.2.1 效益评价方法的比较与选取

一般综合评价方法包括层次分析法、模糊综合评价法、秩和评价法、综合指数法及 TOPSIS (Technique for Order Preference by Similarity to Ideal Solution) 法,不同评价方法在原理上存在较大差别,使用范围存在差异(贾品等,2008)。层次分析法以组合权重计算综合指数,减少权重确定中的主观性,但在一致性范围内不同的判断矩阵可能会导致不同的评价结果。秩和评价法包括参数统计和非参数统计,综合能力强,但对信息利用存在遗漏。综合指数法的评价过程系统、全面,但对比较标准的依赖性过强。TOPSIS 是一种逼近理想解的排序法,可以对每个评价对象的优劣进行排序,但在最优方案和最劣方案的相关指标是对称时,无法得出准确结果。模糊综合评价法借助模糊数学,将不完全、不确定信息转化成模糊概念集,可以使定性问题定量化,提高评价结果的可信度。

林—浆—纸广义绿色供应链共生系统是一个复杂系统,其共生模式受到多种因素影响,依据系统性原则、导向性原则、全面性原则、科学性原则、可比性原则、简明性原则构建综合指标体系对其效益进行评价。林—浆—纸广义绿色供应链共生模式的评价指标中如基地合作稳定性、经营风险防范度、共生单元的互利性等很多指标是定性指标,客观存在模糊概念和模糊现象,模糊综合评价方法能较为有效地解决模糊边界和控制评价结果监测误差,相比其他评价方法更具有灵敏性(刘聚涛等,2010)。模糊综合评价方法适合在复杂系统中解决模糊、难以量化的问题,结果清晰,对于非确定性问题的解决具有优越性(杨晨等,2014),林—浆—纸广义绿色供应链四种共生模式的资源效益、价值效益、生态效益评价应选用模糊综合评价法。

5.2.2 模糊综合评价法

模糊综合评价法源于 1965 年美国查德教授提出的模糊集合(Fuzzy Sets)理论,顾名思义就是一种用来表达不确定性事物的理论。模糊综合评价法，英文全称为：Fuzzy Comprehersive Evaluation，简称：FCE。它是根据模糊数学而兴起的一种综合评价方法，主要用来处理解决非结构化、非确定性问题。该评价方法具有结果清晰、系统性强等特点，能将定性评价转化为定量评价，解决一些模糊而又难以量化的非确定性问题等，最后就是对一个非确定性事物做出一个总体评价。在使用模糊综合评价法之前，需要对其专业术语进行定义：(1) 评价因素，即评议的具体内容；(2) 评价因素值，即评价因素的具体值；(3) 评价值，即评价因素的优劣程度；(4) 平均评价值，即评议委员对评价因素评价的平均值；(5) 权重，即评价因素的重要性；(6) 加权平均评价值，即加权后的平均评价值；(7) 综合评价值，即同一指标级别的加权平均评价值之和。

5.2.3 评价流程

本书采用模糊综合评价法对林—浆—纸广义绿色供应链共生模式的效益进行评价，根据模糊综合评价法的算法步骤，林—浆—纸广义绿色供应链共生模式的效益评价的模糊综合评价法一般步骤如下。

1. 确定模糊综合评价指标和评价等级

设 $P=\{P_1, P_2, \cdots, P_n\}$ 为评价林—浆—纸广义绿色供应链共生模式的 n 个指标；$V=\{v_1, v_2, \cdots, v_m\}$ 为描述 n 个指标所处状态的 m 种决断（即评价等级）。其中，n 为评价指标的个数，m 为评语个数。针对上述指标体系，设立具体的评价集为：$V=\{v_1, v_2, \cdots, v_m\}=\{$非常满意，比较满意，一般，不太满意，不满意$\}$

2. 构造评价矩阵

首先对 P_i ($i=1, 2, \cdots, n$) 作单指标评价。针对指标 P_i，确定评价对象关于等级 v_j ($j=1, 2, \cdots, m$) 的隶属度 r_{ij}，由此得出第 i 个指标 P_i 的单指标评价集：

$$r_i = (r_{i1} \quad r_{i2} \quad \cdots \quad r_{im})$$

由 n 个指标的单指标评价集构造出一个总的评价矩阵 $\boldsymbol{R}$：

$$\boldsymbol{R}=(r_{ij})_{n \times m}=\begin{bmatrix} r_{11} & r_{12} & \cdots & r_{1m} \\ r_{21} & r_{22} & \cdots & r_{2m} \\ \cdots & \cdots & \cdots & \cdots \\ r_{n1} & r_{n2} & \cdots & r_{nm} \end{bmatrix} \quad (5-1)$$

式中：r_{ij} 表示针对指标 P_i，评价对象关于等级 v_j（$j=1,2,\cdots,m$）的隶属度，即第 i 个指标 P_i 在第 j 个评语 v_j 上的频率分布。将 r_{ij} 进行"归一化"处理，使之满足 $\sum_{j=1}^{m} r_{ij}=1$，这样的话就无需再进行标准化处理和无量纲处理了（杜栋，2005）。

3. 计算评价指标权重

在步骤 2 算得评价矩阵后，后续需要进一步确立各评价指标的权重大小。权重指的是指标在林—浆—纸广义绿色供应链共生模式的效益评价所有指标中的重要程度，指标权重将在很大程度上影响林—浆—纸广义绿色供应链共生模式的效益评价结果，也影响其科学性和合理性等。目前，在实践中，一般使用指标综合评价法来确定权重，但是依据指标综合评价法算得权重的主观性太强，夹杂着主观经验在里面，其准确性也无法进行检验，其中，德尔菲法也是一样的，虽然改进了专家打分法，但是其也通常带有一定的主观性，对整体评价结果也带来了不确定性的影响。此外，随着指标的逐步增加，其主观性程度也逐步加大，因此，亟须构建结构化的确定权重的方法。

4. 模糊合成和综合评价

某个评价对象（即林—浆—纸广义绿色供应链的某种共生模式）的模糊评价矩阵 R 中的不同行反映了该评价对象从不同的单指标来看对各等级模糊子集隶属程度。设某个评价对象的模糊评价集（向量）$B=(b_1 \quad b_2 \quad \cdots \quad b_m)$，$b_j$ 表示该评价对象关于等级 v_j（$j=1,2,\cdots,m$）的评价值，则模糊评价向量 B 的计算公式为：

$$\vec{B}=\vec{W}\times\vec{R} \quad (5-2)$$

式中，W 代表评价指标的权重，R 表示评价矩阵。当 $W=(W_i)_{1 \times n}$，$R=(r_{ij})_{n \times m}$ 时，$B=(b_j)_{1 \times m}$。其中，

$$b_j=W_1 \times r_{1j}+W_2 \times r_{2j}+W_3 \times r_{3j}+\cdots+W_n \times r_{nj}, \quad j=1,2,\cdots,m \quad (5-3)$$

如果 $\sum_{j=1}^{m} b_j \neq 1$，应对其"归一化"处理。需要特别说明的是，$B$ 是一个模糊向量而非一个点值，所以不能直接用于排序评优被评价对象，还需将其转换为综合分值，再依大小进行排序。

设相对于各评价等级 $V=\{v_1,v_2,\cdots,v_m\}$ 规定的参数列向量为：

$$C = \begin{bmatrix} c_1 & c_2 & \cdots & c_m \end{bmatrix}^T \quad (5-4)$$

则求得被评价对象的综合评价值为：

$$p = B \times C \quad (5-5)$$

p 代表实数，它能够反映被评价对象由等级模糊子集 B 和等级参数向量 C 共同揭示的信息。本书倘若要判断某林纸一体化模式是否优于其他模式，只需比较 p 值即可，并可比较 p 值的大小对各模式进行优劣排序。

以前面构建的单一双低型共生、媒介偏废型共生、利益偏废型共生和多元两高型共生四种林—浆—纸广义绿色供应链基本共生模式作为被评价方案，运用所建立的指标体系对其进行共生效益评价。由于林—浆—纸广义绿色供应链基本共生模式的效益评价指标体系多数来源于评价人员的主观判断，具有模糊性、差异性和主观性等特点，因此，需要采用模糊综合评价法对几种备选的林—浆—纸广义绿色供应链基本共生模式进行实证评价。

5.3 问卷设计与数据处理

本书将绿色共生理论应用于林—浆—纸供应链中，据此构建相应的共生模式，然后搜集相关数据对共生模式进行效益评价，根据效益评价的结果筛选最优共生模式并对其进行 Multi-Agent 运行机制研究。根据本书研究目的，选择相关制浆造纸企业、营林企业、流通企业、机械制造企业等多种林—浆—纸广义绿色供应链上的节点企业展开调查研究来收集数据以反映林—浆—纸广义绿色供应链的整体发展情况。需要说明的是，在进行正式调研之前，预先进行了预调研，通过提前对以上相关企业进行调研来了解情况，根据预调研的结果来反馈修正研究样本的代表性，以反映整体林—浆—纸广义绿色供应链的发展情况，所以研究样本选择的是林—浆—纸广义绿色供应链上的节点企业，如制浆造纸企业、营林企业、流通企业、机械制造企业等。

5.3.1 专家选择

一般评价数据来源有两种：一是实际数据或者统计数据；二是来自调研、文献和专家判断。若每个评价指标的数据均能有效且科学地获取，那么对于评价结果的科学性具有极其重要的指导。但是有些数据未能如愿，根本无法获取到或者已有数据不一定能全面准确地反映林—浆—纸广义绿色供应链共生模式的发展状况和水平，所以，本书林—浆—纸广义绿色供应链共生模式的测度评价指标数据采用德尔菲法（Delphi）来获取。

专家选取的好坏对于林—浆—纸广义绿色供应链共生模式的效益评价质量具有重要影响。因为林—浆—纸广义绿色供应链共生模式的效益决策包括结构化和半结构化形式，所以要选择那些在林—浆—纸广义绿色供应链领域具有一定丰富经验，不一定非要选择那些具有高级职称的科研人员，或选择那些能为林—浆—纸广义绿色供应链组织构建和运作提供某些较为深刻见解的人员。在具体专家选择时，需要具有一定的代表性，除了高等院校、科研机构等科研人员外，还要有企业界的相关人员以及对林—浆—纸广义绿色供应链发展较熟悉的经济部门和研究单位人员。所以，专家总体包括高校、科研机构的科研人员，企业界的高级职称人员和从事一线生产具有丰富经验的工作人员等。

5.3.2 问卷设计

问卷即调查问卷，在综合运用个人访谈、集体座谈、个人咨询等方式的基础上，再辅以调查问卷，以备对研究内容进一步深化。为使调研问卷更具有效率、减少问卷题目作答时间、提高作答积极性等，在设计调查问卷时应该遵循以下原则：（1）简要向被调查人员说明调查表的目的与使用的调查方法等；（2）对问题进行分类，先易后难并进行排序，由浅入深；（3）避免问题的矛盾面，例如，一个问题既包括专家的同意面又包括专家的反对面，这不利于开展调查问卷工作等；（4）问卷用词力求准确到位，避免含糊不清等，当有关键词需特别强调时应该辅以下划线标示出；（5）问卷形式力求简单，避免繁杂的问卷程序，且被调查人员和调查人员均可获取较大的信息量；（6）防止表格的思维导向；（7）限制问题的数量。

5.3.3 数据处理

设专家数量为 m，备选方案数目为 n，第 i 位专家对第 j 个方案的打分为 C_{ij}，等级为 R_{ij}。专家评分统计指标主要操作步骤如下。

（1）专家评价优先级别判定。通过求算各专家组打分的算术平均值以及方案等级之和来描述各方案在所有方案中的重要程度。各方案的算术平均值计算公式为：

$$M_j = \frac{1}{m_j}\sum_{i=1}^{m_j} C_{ij}, j = 1, 2, \cdots, n \qquad (5-6)$$

式中，M_j 表示方案 j 评分的算术平均值；m_j 表示参加决策方案 j 评价的专家数量。M_j 越大，说明决策方案在所有方案中越重要。再计算方案的等级和：

$$S_j = \sum_{i=1}^{m_j} R_{ij}, j = 1, 2, \cdots, n \qquad (5-7)$$

式中，S_j 代表方案 j 的等级和；S_j 越小，说明决策方案在所有方案中越重要。

（2）计算备选方案的满意频率。即给方案 j 打满分的专家数与对方案 j 作出评价的专家总数之比，计算公式为：

$$K_j = \frac{P_j}{m_j}, j = 1, 2, \cdots, n \qquad (5-8)$$

式中，K_j 代表给方案 j 打满分的频率；P_j 代表给方案 j 打满分的专家人数。K_j 越大，表示给该方案打满分的专家人数越多，因而决策方案的重要性就越大。

（3）确定备选方案的变异性系数。变异系数反映了专家评审意见的协调程度，其计算步骤如下。

首先，通过算得方案 j 的专家评分意见的方差 $\overline{S}_j^2$ 来描述专家评分的离散程度，其计算公式为：

$$\overline{S}_j^2 = \frac{1}{m_j - 1}\sum_{i=1}^{m_j}(C_{ij} - M_j)^2, j = 1, 2, \cdots, n \qquad (5-9)$$

其次，算得方案 j 的标准差，表示评价方案的变异程度，其计算公式为：

$$\overline{S}_j = \sqrt{\overline{S}_j^2} = \sqrt{\frac{1}{m_j - 1}\sum_{i=1}^{m_j}(C_{ij} - M_j)^2} \qquad (5-10)$$

最后，测算方案 j 的专家评分意见的变异系数。变异系数为方案 j 的标准差与算术平均值之比，其计算公式为：

$$V_j = \frac{\overline{S}_j}{M_j}, j = 1, 2, \cdots, n \qquad (5-11)$$

式中，V_j 表示专家评价意见的相对波动幅度。

（4）专家评价意见协调系数。变异系数可反映 m_j 个专家对于 j 方案的协调程度，但我们往往还希望了解全部专家对 n 个方案的协调程度，这可用协调系数 W 来表示。

记全部方案等级和的算术平均值为：

$$S_M = \frac{1}{n}\sum_{j=1}^{n}S_j \qquad (5-12)$$

方案 j 等级和与全部方案等级和的算术平均值之差的平方和：

$$S_d = \sum_{j=1}^{n}(S_j - S_M)^2 \qquad (5-13)$$

则专家对每个方案评价的协调系数为：

$$W = \frac{S_d}{m^2(n^2-1)} \qquad (5-14)$$

协调系数 $W \in [0, 1]$。W 为正向指标，W 越大，表示所有专家对全部方案的协调程度越高；W 越小，意味着专家协调程度越低。

（5）计算专家积极系数。专家积极系数代表的是专家对某方案的关心程度，它是参与方案 j 评价的专家人数与全部专家人数的比值，计算公式为：

$$D_j = \frac{m_j}{m} \qquad (5-15)$$

式中，D_j 表示专家积极系数；m_j 表示参与方案 j 评价的专家人数；m 表示全部专家人数。

（6）专家权威程度。专家权威表示的是专家对每个问题的熟悉程度，专家对每个问题的熟悉度对评价结果深有影响，但是专家也不可能对每个问题都熟悉，所以根据需要，应该从知名度、职称等方面通过专家分析表进行分析，表 5-1 给出了专家权威分析表。

表 5-1 专家权威分析
Tab. 5-1 The expert authoritative analyse

指标名称	指标分值				
	10分	9分	8分	7分	6分
知名度 a	国际知名学者	国内知名学者	省内知名学者	市内知名学者	一般学者
职称 b	院士	正高	副高	中级	初级
判断依据 c	理论分析	生产经验	参考学术著作	对同类活动的了解	直观判断
问题熟悉程度 d	很熟悉	熟悉	较熟悉	一般了解	专业不符
评审自信程度 e	很自信	自信	较自信	一般自信	不太自信

设专家 i 的评价值为 F_i，则：
$$F_i = a_i \times b_i \times c_i \times d_i \times e_i \qquad (5-16)$$
式中，a_i、b_i、c_i、d_i、e_i 分别是专家 i 的知名度得分、职称得分、判断依据得分、熟悉程度得分、评审自信度得分。由此，专家 i 的权威系数为：
$$R_i = \frac{F_i}{\sum_{i=1}^{m} F_i}, i=1,2,\cdots,m \qquad (5-17)$$
算得权威系数后，把它作为权重对专家评分值进行加权平均综合计算。

5.4 林—浆—纸广义绿色供应链共生模式的效益评价结果

根据效益评价方法和已搜集的相关数据，接下来需要对单一双低型共生模式 M_1、媒介偏废型共生模式 M_2、利益偏废型共生模式 M_3、多元两高型共生模式 M_4 进行效益评价，具体结果如下。

5.4.1 单一双低型共生模式效益评价结果

通过 Delphi 法调查获取数据，随机咨询 20 位本领域的相关专家，并将其对林—浆—纸广义绿色供应链基本共生模式的指标进行打分，然后再进行统计。表 5-2 给出了上述四种备选单一双低型共生模式 M_1、媒介偏废型共生模式 M_2、利益偏废型共生模式 M_3、多元两高型共生模式 M_4 的单指标评价调查结果。

表中数据是针对各指标 P_{ij}，共生模式关于评价等级 v_k（$k=1,2,\cdots,5$）的隶属度 r_{ijk}。各项指标 P_{ij} 括号中的数字是该指标权重 W_{ij}。

根据表 5-2 及 5.2 节中的评价流程，构造单一双低型共生模式 M_1 的模糊评价矩阵如下：

$$R_1^1 = \begin{bmatrix} 0.00 & 0.00 & 0.10 & 0.40 & 0.50 \\ 0.10 & 0.15 & 0.15 & 0.30 & 0.30 \\ 0.10 & 0.20 & 0.60 & 0.05 & 0.05 \\ 0.10 & 0.15 & 0.65 & 0.05 & 0.05 \\ 0.00 & 0.00 & 0.10 & 0.40 & 0.50 \\ 0.10 & 0.20 & 0.45 & 0.10 & 0.15 \end{bmatrix}$$

表 5-2 基本共生模式单指标评价调查结果统计

Tab. 5-2 The survey results statistics of alternative symbiosis models single indicators evaluation

指标 P_{ij} 及其权重 W_{ij}		评价等级 v_k																			
		非常满意 v_1				比较满意 v_2				一般 v_3				不太满意 v_4				不满意 v_5			
		M_1	M_2	M_3	M_4	M_1	M_2	M_3	M_4	M_1	M_2	M_3	M_4	M_1	M_2	M_3	M_4	M_1	M_2	M_3	M_4
资源效益 P_1 (0.3)	原料自给率 P_{11} (0.21)	0	2	4	0	7	10	8	2	6	3	6	8	4	2	2	10	1	0	1	0
	森林面积总量 P_{12} (0.13)	2	6	5	3	6	9	8	3	4	4	5	6	3	0	2	6	1	0	1	0
	森林蓄积总量 P_{13} (0.13)	2	4	7	3	7	4	6	12	5	6	8	1	4	2	3	1	0	1	1	0
	林地生产力 P_{14} (0.16)	2	4	8	6	4	8	7	13	9	4	6	1	2	0	0	0	1	1	0	0
	基地合作稳定性 P_{15} (0.19)	0	5	7	7	5	9	7	2	6	4	6	10	8	4	0	0	0	0	0	0
	经营风险防范度 P_{16} (0.18)	2	2	3	3	4	4	3	9	9	7	4	10	2	3	2	3	2	1	1	0
价值效益 P_2 (0.4)	原料交易成本 P_{21} (0.13)	4	7	5	8	9	6	9	4	7	3	7	3	1	3	2	0	0	1	0	1
	共生单元的互利性 P_{22} (0.16)	1	6	7	7	10	1	12	2	8	5	3	9	0	4	0	2	0	0	0	0
	规模经济性 P_{23} (0.15)	2	7	3	8	10	2	9	4	7	3	5	1	3	0	7	3	0	0	0	0
	空间布局合理性 P_{24} (0.13)	0	8	8	6	8	0	14	8	7	4	4	0	5	0	0	3	0	0	0	1
	质量保证能力 P_{25} (0.13)	1	9	4	7	7	3	6	3	4	6	5	7	4	1	0	3	0	0	0	0
	共生媒介的畅通性 P_{26} (0.16)	0	8	4	8	11	0	11	2	12	1	5	2	1	5	0	2	0	3	0	0
	供应链长度及闭合性 P_{27} (0.14)	0	5	2	8	0	1	7	5	10	8	9	5	8	3	6	0	1	3	0	0
生态效益 P_3 (0.3)	纸浆林 CO_2 吸收量 P_{31} (0.22)	4	10	3	11	6	7	5	7	2	4	10	2	3	1	0	1	0	1	0	1
	能耗降低率 P_{32} (0.21)	1	9	2	10	3	6	5	7	4	12	3	1	1	1	1	0	1	1	1	2
	废纸循环利用率 P_{33} (0.16)	2	5	3	5	3	8	4	9	10	5	9	2	2	2	1	1	1	0	1	0
	废弃物循环利用率 P_{34} (0.19)	3	6	4	6	8	7	8	9	4	6	9	1	1	1	2	0	0	0	0	0
	森林认证比例 P_{35} (0.22)	1	9	4	11	9	2	6	9	12	6	6	0	2	0	3	0	0	1	1	0

$$R_2^1 = \begin{bmatrix} 0.20 & 0.30 & 0.35 & 0.05 & 0.10 \\ 0.05 & 0.05 & 0.40 & 0.30 & 0.20 \\ 0.10 & 0.10 & 0.40 & 0.25 & 0.15 \\ 0.00 & 0.05 & 0.35 & 0.25 & 0.35 \\ 0.05 & 0.15 & 0.45 & 0.20 & 0.15 \\ 0.05 & 0.05 & 0.60 & 0.20 & 0.10 \\ 0.00 & 0.05 & 0.30 & 0.40 & 0.25 \end{bmatrix}$$

$$R_3^1 = \begin{bmatrix} 0.20 & 0.30 & 0.40 & 0.05 & 0.05 \\ 0.05 & 0.15 & 0.70 & 0.05 & 0.05 \\ 0.10 & 0.15 & 0.50 & 0.15 & 0.10 \\ 0.15 & 0.35 & 0.45 & 0.05 & 0.00 \\ 0.05 & 0.10 & 0.60 & 0.15 & 0.10 \end{bmatrix}$$

同理，可以构造媒介偏废型共生模式 M_2、利益偏废型共生模式 M_3、多元两高型共生模式 M_4 的模糊评价矩阵 R_i^j。其中，R_i^j 为共生模式 j（$j=1, 2, 3, 4$）的第 i 个准则层（$i=1, 2, 3$ 分别对应于资源效益、价值效益和生态效益）下属的统计指标 P_{ij} 的模糊评价矩阵。上面的模糊评价矩阵中不同的行反映了某个被评价模式 M_j 从不同的统计指标来看对各等级模糊子集的隶属程度。林—浆—纸广义绿色供应链模式 M_j 的模糊评价结果向量 B^j 可由下式计算：

$$B_i^j = W_i \times R_i^j, \quad j=1, 2, 3, 4, \quad i=1, 2, 3 \tag{5-18}$$

$$B^j = W \times \begin{bmatrix} R_1^j \\ R_2^j \\ R_3^j \end{bmatrix} \tag{5-19}$$

式中，W_i 表示第 i 个准则层下属的统计指标的权重向量；W 表示准则层指标的权重向量；$B_i^j = [b_{i1}^j \quad b_{i2}^j \quad \cdots \quad b_{i5}^j]$ 表示共生模式 j（$j=1, 2, 3, 4$）的准则层 i 的模糊评价结果向量；$B^j = [b_1^j \quad b_2^j \quad \cdots \quad b_5^j]$ 表示共生模式 j（$j=1, 2, 3, 4$）的目标层模糊评价结果向量。

(1) 模式 M_1 资源效益的模糊评价向量

$$B_1^1 = W_1 \times R_1^1 = [0.21 \quad 0.13 \quad 0.13 \quad 0.16 \quad 0.19 \quad 0.18] \times$$

$$\begin{pmatrix} 0.00 & 0.00 & 0.10 & 0.40 & 0.50 \\ 0.10 & 0.15 & 0.15 & 0.30 & 0.30 \\ 0.10 & 0.20 & 0.60 & 0.05 & 0.05 \\ 0.10 & 0.15 & 0.65 & 0.05 & 0.05 \\ 0.00 & 0.00 & 0.10 & 0.40 & 0.50 \\ 0.10 & 0.20 & 0.45 & 0.10 & 0.15 \end{pmatrix}$$

$= [0.060 \quad 0.106 \quad 0.323 \quad 0.231 \quad 0.280]$

(2) 模式 M_1 价值效益的模糊评价向量

$\boldsymbol{B}_2^1 = \boldsymbol{W}_2 \times \boldsymbol{R}_2^1 = [0.13 \quad 0.16 \quad 0.15 \quad 0.13 \quad 0.13 \quad 0.16 \quad 0.14] \times$

$$\begin{pmatrix} 0.20 & 0.30 & 0.35 & 0.05 & 0.10 \\ 0.05 & 0.05 & 0.40 & 0.30 & 0.20 \\ 0.10 & 0.10 & 0.40 & 0.25 & 0.15 \\ 0.00 & 0.05 & 0.35 & 0.25 & 0.35 \\ 0.05 & 0.15 & 0.45 & 0.20 & 0.15 \\ 0.05 & 0.05 & 0.60 & 0.20 & 0.10 \\ 0.00 & 0.05 & 0.30 & 0.40 & 0.25 \end{pmatrix}$$

$= [0.064 \quad 0.103 \quad 0.412 \quad 0.238 \quad 0.183]$

(3) 模式 M_1 生态效益的模糊评价向量

$\boldsymbol{B}_3^1 = \boldsymbol{W}_3 \times \boldsymbol{R}_3^1 = [0.22 \quad 0.21 \quad 0.16 \quad 0.19 \quad 0.22] \times$

$$\begin{pmatrix} 0.20 & 0.30 & 0.40 & 0.05 & 0.05 \\ 0.05 & 0.15 & 0.70 & 0.05 & 0.05 \\ 0.10 & 0.15 & 0.50 & 0.15 & 0.10 \\ 0.15 & 0.35 & 0.45 & 0.05 & 0.00 \\ 0.05 & 0.10 & 0.60 & 0.15 & 0.10 \end{pmatrix}$$

$= [0.110 \quad 0.210 \quad 0.533 \quad 0.088 \quad 0.060]$

(4) 模式 M_1 总体共生效益的模糊评价向量

$\boldsymbol{B}^1 = \boldsymbol{W} \times \begin{bmatrix} \boldsymbol{R}_1^1 \\ \boldsymbol{R}_2^1 \\ \boldsymbol{R}_3^1 \end{bmatrix} = [0.30 \quad 0.40 \quad 0.30] \times$

$$\begin{bmatrix} 0.060 & 0.106 & 0.323 & 0.231 & 0.280 \\ 0.064 & 0.103 & 0.412 & 0.238 & 0.183 \\ 0.110 & 0.210 & 0.533 & 0.088 & 0.060 \end{bmatrix}$$

$$= [0.076 \quad 0.136 \quad 0.422 \quad 0.191 \quad 0.175]$$

由此看出，根据最大隶属度原则，单一双低型共生模式 M_1 的资源效益、价值效益、生态效益以及总体衡量结果都处于一般满意状态。

5.4.2 媒介偏废型共生模式效益评价结果

如5.4.1节中单一双低型共生模式 M_1 的算法流程步骤，可算得媒介偏废型共生模式 M_2 的资源效益、价值效益、生态效益和总体共生效益评价结果如下。

1. 模式 M_2 资源效益的模糊评价向量

$$\boldsymbol{B}_1^2 = \boldsymbol{W}_1 \times \boldsymbol{R}_1^2 = [0.21 \quad 0.13 \quad 0.13 \quad 0.16 \quad 0.19 \quad 0.18] \times$$

$$\begin{pmatrix} 0.10 & 0.35 & 0.30 & 0.20 & 0.05 \\ 0.30 & 0.30 & 0.20 & 0.15 & 0.05 \\ 0.20 & 0.35 & 0.25 & 0.20 & 0.00 \\ 0.20 & 0.20 & 0.45 & 0.10 & 0.05 \\ 0.25 & 0.25 & 0.30 & 0.20 & 0.00 \\ 0.10 & 0.20 & 0.45 & 0.15 & 0.10 \end{pmatrix}$$

$$= [0.183 \quad 0.274 \quad 0.332 \quad 0.168 \quad 0.043]$$

2. 模式 M_2 价值效益的模糊评价向量

$$\boldsymbol{B}_2^2 = \boldsymbol{W}_2 \times \boldsymbol{R}_2^2 = [0.13 \quad 0.16 \quad 0.15 \quad 0.13 \quad 0.13 \quad 0.16 \quad 0.14] \times$$

$$\begin{pmatrix} 0.35 & 0.45 & 0.15 & 0.05 & 0.00 \\ 0.30 & 0.50 & 0.20 & 0.00 & 0.00 \\ 0.35 & 0.50 & 0.15 & 0.00 & 0.00 \\ 0.40 & 0.40 & 0.20 & 0.00 & 0.00 \\ 0.45 & 0.35 & 0.20 & 0.00 & 0.00 \\ 0.40 & 0.55 & 0.05 & 0.00 & 0.00 \\ 0.25 & 0.05 & 0.50 & 0.15 & 0.05 \end{pmatrix}$$

$$= [0.355 \quad 0.406 \quad 0.204 \quad 0.028 \quad 0.007]$$

3. 模式 M_2 生态效益的模糊评价向量

$$\boldsymbol{B}_3^2 = \boldsymbol{W}_3 \times \boldsymbol{R}_3^2 = [0.22 \quad 0.21 \quad 0.16 \quad 0.19 \quad 0.22] \times$$

$$\begin{bmatrix} 0.50 & 0.35 & 0.10 & 0.05 & 0.00 \\ 0.45 & 0.30 & 0.20 & 0.05 & 0.00 \\ 0.25 & 0.40 & 0.25 & 0.05 & 0.05 \\ 0.30 & 0.40 & 0.20 & 0.10 & 0.00 \\ 0.45 & 0.45 & 0.10 & 0.00 & 0.00 \end{bmatrix}$$

$$= \begin{bmatrix} 0.401 & 0.379 & 0.164 & 0.048 & 0.008 \end{bmatrix}$$

4. 模式 M_2 总体共生效益的模糊评价向量

$$\boldsymbol{B}^2 = \boldsymbol{W} \times \begin{bmatrix} \boldsymbol{R}_1^2 \\ \boldsymbol{R}_2^2 \\ \boldsymbol{R}_3^2 \end{bmatrix} = \begin{bmatrix} 0.30 & 0.40 & 0.30 \end{bmatrix} \times$$

$$\begin{bmatrix} 0.183 & 0.274 & 0.332 & 0.168 & 0.043 \\ 0.355 & 0.406 & 0.204 & 0.028 & 0.007 \\ 0.401 & 0.379 & 0.164 & 0.048 & 0.008 \end{bmatrix}$$

$$= \begin{bmatrix} 0.317 & 0.358 & 0.231 & 0.076 & 0.018 \end{bmatrix}$$

根据最大隶属度原则，媒介偏废型共生模式 M_2 的资源效益、价值效益、生态效益以及总体衡量结果相比于 M_1 都有明显的提升，但仍处于一般满意状态。

5.4.3 利益偏废型共生模式效益评价结果

如 5.4.1 中单一双低型共生模式 M_1 的算法流程步骤，可算得利益偏废型共生模式 M_3 的资源效益、价值效益、生态效益和总体共生效益评价结果如下。

1. 模式 M_3 资源效益的模糊评价向量

$$\boldsymbol{B}_1^3 = \boldsymbol{W}_1 \times \boldsymbol{R}_1^3 = \begin{bmatrix} 0.21 & 0.13 & 0.13 & 0.16 & 0.19 & 0.18 \end{bmatrix} \times$$

$$\begin{bmatrix} 0.25 & 0.50 & 0.15 & 0.10 & 0.00 \\ 0.35 & 0.45 & 0.20 & 0.00 & 0.00 \\ 0.35 & 0.20 & 0.30 & 0.10 & 0.05 \\ 0.40 & 0.40 & 0.20 & 0.00 & 0.00 \\ 0.35 & 0.45 & 0.20 & 0.00 & 0.00 \\ 0.15 & 0.15 & 0.50 & 0.15 & 0.05 \end{bmatrix}$$

$$= \begin{bmatrix} 0.301 & 0.366 & 0.256 & 0.061 & 0.016 \end{bmatrix}$$

2. 模式 M_3 价值效益的模糊评价向量

$$\boldsymbol{B}_2^3 = \boldsymbol{W}_2 \times \boldsymbol{R}_2^3 = [0.13 \quad 0.16 \quad 0.15 \quad 0.13 \quad 0.13 \quad 0.16 \quad 0.14] \times$$

$$\begin{pmatrix} 0.25 & 0.20 & 0.35 & 0.15 & 0.05 \\ 0.25 & 0.10 & 0.45 & 0.20 & 0.00 \\ 0.15 & 0.10 & 0.25 & 0.35 & 0.15 \\ 0.40 & 0.40 & 0.20 & 0.00 & 0.00 \\ 0.20 & 0.15 & 0.30 & 0.20 & 0.15 \\ 0.20 & 0.10 & 0.60 & 0.10 & 0.00 \\ 0.10 & 0.05 & 0.40 & 0.30 & 0.15 \end{pmatrix}$$

$$= [0.219 \quad 0.151 \quad 0.372 \quad 0.188 \quad 0.070]$$

3. 模式 M_3 生态效益的模糊评价向量

$$\boldsymbol{B}_3^3 = \boldsymbol{W}_3 \times \boldsymbol{R}_3^3 = [0.22 \quad 0.21 \quad 0.16 \quad 0.19 \quad 0.22] \times$$

$$\begin{pmatrix} 0.15 & 0.25 & 0.50 & 0.05 & 0.05 \\ 0.10 & 0.25 & 0.60 & 0.05 & 0.00 \\ 0.15 & 0.20 & 0.50 & 0.10 & 0.05 \\ 0.20 & 0.45 & 0.30 & 0.05 & 0.00 \\ 0.20 & 0.30 & 0.30 & 0.15 & 0.05 \end{pmatrix}$$

$$= [0.160 \quad 0.291 \quad 0.439 \quad 0.080 \quad 0.030]$$

4. 模式 M_3 总体共生效益的模糊评价向量

$$\boldsymbol{B}^3 = \boldsymbol{W} \times \begin{bmatrix} \boldsymbol{R}_1^3 \\ \boldsymbol{R}_2^3 \\ \boldsymbol{R}_3^3 \end{bmatrix} = [0.30 \quad 0.40 \quad 0.30] \times$$

$$\begin{bmatrix} 0.301 & 0.366 & 0.256 & 0.061 & 0.016 \\ 0.219 & 0.151 & 0.372 & 0.188 & 0.070 \\ 0.160 & 0.291 & 0.439 & 0.080 & 0.030 \end{bmatrix}$$

$$= [0.226 \quad 0.257 \quad 0.357 \quad 0.118 \quad 0.042]$$

根据最大隶属度原则，利益偏废型共生模式 M_3 的资源效益、价值效益、生态效益以及总体衡量结果相比于 M_1 都有提升，但低于媒介偏废型共生模式 M_2，处于 M_1 和 M_2 之间。

5.4.4 多元两高型共生模式效益评价结果

如 5.4.1 节中单一双低型共生模式 M_1 的算法流程步骤，可算得多元两高型共生模式 M_4 的资源效益、价值效益、生态效益和总体共生效益评价结果如下。

1. 模式 M_4 资源效益的模糊评价向量

$$\boldsymbol{B}_1^4 = \boldsymbol{W}_1 \times \boldsymbol{R}_1^4 = [0.21 \quad 0.13 \quad 0.13 \quad 0.16 \quad 0.19 \quad 0.18] \times$$

$$\begin{pmatrix} 0.20 & 0.40 & 0.30 & 0.10 & 0.00 \\ 0.25 & 0.40 & 0.25 & 0.10 & 0.00 \\ 0.15 & 0.30 & 0.40 & 0.15 & 0.00 \\ 0.30 & 0.35 & 0.30 & 0.05 & 0.00 \\ 0.35 & 0.35 & 0.30 & 0.00 & 0.00 \\ 0.15 & 0.20 & 0.50 & 0.10 & 0.05 \end{pmatrix}$$

$$= [0.235 \quad 0.333 \quad 0.343 \quad 0.080 \quad 0.009]$$

2. 模式 M_4 价值效益的模糊评价向量

$$\boldsymbol{B}_2^4 = \boldsymbol{W}_2 \times \boldsymbol{R}_2^4 = [0.13 \quad 0.16 \quad 0.15 \quad 0.13 \quad 0.13 \quad 0.16 \quad 0.14] \times$$

$$\begin{pmatrix} 0.40 & 0.45 & 0.15 & 0.00 & 0.00 \\ 0.35 & 0.60 & 0.05 & 0.00 & 0.00 \\ 0.40 & 0.45 & 0.15 & 0.00 & 0.00 \\ 0.30 & 0.70 & 0.00 & 0.00 & 0.00 \\ 0.35 & 0.30 & 0.25 & 0.05 & 0.05 \\ 0.40 & 0.55 & 0.05 & 0.00 & 0.00 \\ 0.40 & 0.35 & 0.25 & 0.00 & 0.00 \end{pmatrix}$$

$$= [0.372 \quad 0.489 \quad 0.125 \quad 0.007 \quad 0.007]$$

3. 模式 M_4 生态效益的模糊评价向量

$$\boldsymbol{B}_3^4 = \boldsymbol{W}_3 \times \boldsymbol{R}_3^4 = [0.22 \quad 0.21 \quad 0.16 \quad 0.19 \quad 0.22] \times$$

$$\begin{pmatrix} 0.55 & 0.35 & 0.10 & 0.00 & 0.00 \\ 0.50 & 0.35 & 0.15 & 0.00 & 0.00 \\ 0.25 & 0.45 & 0.25 & 0.05 & 0.00 \\ 0.30 & 0.45 & 0.20 & 0.05 & 0.00 \\ 0.55 & 0.45 & 0.00 & 0.00 & 0.00 \end{pmatrix}$$

$$= [0.444 \quad 0.407 \quad 0.131 \quad 0.018 \quad 0.000]$$

4. 模式 M_4 总体共生效益的模糊评价向量

$$B^4 = W \times \begin{bmatrix} R_1^4 \\ R_2^4 \\ R_3^4 \end{bmatrix} = [0.30 \quad 0.40 \quad 0.30] \times$$

$$\begin{bmatrix} 0.235 & 0.333 & 0.343 & 0.080 & 0.009 \\ 0.372 & 0.489 & 0.125 & 0.007 & 0.007 \\ 0.444 & 0.407 & 0.131 & 0.018 & 0.000 \end{bmatrix}$$

$$= [0.352 \quad 0.418 \quad 0.192 \quad 0.032 \quad 0.006]$$

根据最大隶属度原则，多元两高型共生模式 M_4 的资源效益、价值效益、生态效益以及总体衡量结果比 M_1、M_2 和 M_3 都高，属于四种基本共生模式中最高的。

5.5 最优共生模式（多元两高型共生模式）的效益分析与详细设计

根据 5.4 节中单一双低型共生模式 M_1、媒介偏废型共生模式 M_2、利益偏废型共生模式 M_3、多元两高型共生模式 M_4 的评价结果，为选取最优共生模式，还需做进一步变换处理。将上述评价向量转换为综合评价值。令 C_k 代表第 k 级评语分数，k 值与评语集的等级相对应，以 100 分为满分，采取"均差法"设定相应的综合评价值向量为：

$$C = [c_1 \quad c_2 \quad c_3 \quad c_4 \quad c_5]^T = [100 \quad 80 \quad 60 \quad 40 \quad 20]^T$$

由此求得共生模式 M_1 的综合评价值为：

$$p_1^1 = B_1^1 \times C = [0.060 \quad 0.106 \quad 0.323 \quad 0.231 \quad 0.280] \times$$
$$[100 \quad 80 \quad 60 \quad 40 \quad 20]^T = 48.70$$

$$p_2^1 = B_2^1 \times C = [0.064 \quad 0.103 \quad 0.412 \quad 0.238 \quad 0.183] \times$$
$$[100 \quad 80 \quad 60 \quad 40 \quad 20]^T = 52.54$$

$$p_3^1 = B_3^1 \times C = [0.110 \quad 0.210 \quad 0.533 \quad 0.088 \quad 0.060] \times$$
$$[100 \quad 80 \quad 60 \quad 40 \quad 20]^T = 64.50$$

$$p^1 = B^1 \times C = [0.076 \quad 0.136 \quad 0.422 \quad 0.191 \quad 0.175] \times$$
$$[100 \quad 80 \quad 60 \quad 40 \quad 20]^T = 54.94$$

同样，可以求出共生模式 M_2、M_3 和 M_4 各指标的综合评价值。经转换后的各个共生模式的综合评价值如表5-3所示。

表5-3 林—浆—纸广义绿色供应链基本共生模式的综合评价值
Tab. 5-3 The comprehensive evaluation values of the basic symbiosis model of broad green supply chain for forestry-pulp-paper

指标	M_1（单一双低型共生模式）	M_2（媒介偏废型共生模式）	M_3（利益偏废型共生模式）	M_4（多元两高型共生模式）
资源效益 P_1	48.70	67.72	77.50	74.10
价值效益 P_2	52.54	81.48	65.22	84.24
生态效益 P_3	64.50	82.34	69.42	85.54
总体共生效益 P	54.94	77.60	70.14	81.56

根据上述效益评价结果可知，多元两高型共生模式 M_4 得分最高，媒介偏废型共生模式 M_2 次之，利益偏废型共生模式排第三，单一双低型共生模式 M_1 得分最低（见图5-3）。从评价结果可知，在四种林—浆—纸广义绿色供应链基本共生模式中，多元两高型共生模式效益得分最高，它是一种较理想的目标取向。当然，其他三种模式与其相比也各有利弊，下面将结合四种模式效益的评价结果来分别对其资源效益、价值效益和生态效益三个方面的得分情况作进一步分析。

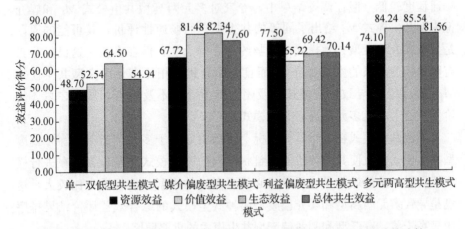

图5-3 林—浆—纸广义绿色供应链基本共生模式的效益综合评价值比较
Fig. 5-3 The comparison of the comprehensive evaluation values of the performance of basic symbiosis modes of broad green supply chain for forestry-pulp-paper

5.5.1 最优共生模式的资源效益分析

资源效益得分情况为利益偏废型共生模式 M_3 最高，多元两高型共生模式 M_4、媒介偏废型共生模式 M_2 略低，而单一双低型共生模式 M_1 明显低于前三种模式。就具体指标来看，以信誉、契约等为媒介的林—浆—纸广义绿色供应链共生具有良好的畅通机制。但相对而言，在林纸结合的实践中，如果处于强势的制浆造纸龙头企业一方能够较好地考虑林农等基地建设合作方在收益上的稳定性，尤其是在造纸原料林价格出现下跌时能够保证合作方的收益，则这种对林农等合作方的暂时性偏利却能够有效刺激其合作积极性，有利于促进林地生产力和合作稳定性的提升，从而提高森林经营的数量和质量，带来一定时期内原料供给保障上的良好效益。

5.5.2 最优共生模式的价值效益分析

就价值效益情况来看，多元两高型共生模式 M_4 的效益最高，媒介偏废型共生模式 M_2 次之，利益偏废型共生模式 M_3 明显低于前两种模式，但略高于单一双低型共生模式 M_1。究其原因，多元两高型共生模式 M_4 的共生单元的互利性最高，且原料交易成本、规模经济性、共生媒介的畅通性、供应链长度及闭合性等指标均属于较满意状态；媒介偏废型共生模式 M_2 虽然前几项指标与多元两高型共生模式均衡相当，但因其共生媒介的畅通程度较低（但在调查结果中，专家对多元两高型共生模式 M_4 和媒介偏废型共生模式 M_2 给出了同等的共生媒介的畅通性评价，其可能的原因是虽然媒介偏废型共生模式是以契约媒介等为主，但在实践中这已经是具有明显畅通效果的主要媒介），而且合作方式上相比多元两高型共生模式 M_4 较为松散，导致供应链长度及闭合性上可能不及后者，从而在总体的价值效益上不及多元两高型共生模式。

其他两种模式在各个具体指标上大都明显低于多元两高型和媒介偏废型共生模式，致使其总体价值效益状况与前两种模式差距较大。在进行模式选择时，价值效益是选择模式必须要考虑的因素，故权重占比较大，这也是导致多元两高型和媒介偏废型两种共生模式的综合效益评价结果排序明显高于单一双低型和利益偏废型共生模式的重要原因。

5.5.3 最优共生模式的生态效益分析

生态效益上，单一双低型共生模式 M_1 和利益偏废型共生模式 M_3 的评价分值较低，多元两高型共生模式 M_4 和媒介偏废型共生模式 M_2 较高。根据调查结果统计，单一双低型共生模式的各项生态效益指标均处于一般满意状态；而多元两高型共生模式和媒介偏废型共生模式在具体指标上都具有比较高的满意度。

而进一步从三种效益的关系上分析，除了利益偏废型共生模式以外，其他三种共生模式都存在着由资源和价值效益向生态效益逐步上升的趋势。事实上，从林—浆—纸供应链角度来看，资源效益是供应链存在的物质基础，价值效益是供应链上各个节点环节合作发展的动力所在，而生态效益是以前两种效益为载体和保障的，并反过来可以进一步确保森林资源的可持续利用，由此形成资源链、价值链和生态链三链合一的循环共生体系。在评价结果中体现出的资源效益促进价值效益提升，价值效益促进生态效益提升的现象，一方面可以说明合理的林—浆—纸广义绿色供应链共生模式能够实现产业和生态的良性互动和共生发展，另一方面也验证了研究中所构建的以资源链、价值链和生态链为依据的效益评价体系的合理性。

需要说明的是，根据构建的林—浆—纸广义绿色供应链共生模式的效益评价指标体系，利用模糊综合评价法对四种基本林—浆—纸广义绿色供应链共生模式进行了效益评价，得出了多元两高型共生模式为最优方案的结论，为各地林—浆—纸广义绿色供应链决策中的模式选择提供了参考依据。但林—浆—纸广义绿色供应链也是一项需要长期探索的系统工程，这里所得出的林—浆—纸广义绿色供应链共生模式的方案评价结果在项目宏观性规划阶段具有一定的实践参考价值，至于某个具体的项目评价，还需进一步设置相应的指标体系来进行考核评价，并综合如前所述的相关方法进行评价，从而为各个地区或企业的具体林—浆—纸广义绿色供应链的项目方案选择提供更为科学的决策依据。

5.5.4 最优共生模式的详细设计

根据对最优共生模式的资源效益、价值效益和生态效益的分析，接下来需要对最优共生模式进行详细设计，最优共生模式见图5-4。

如图5-4所示，林—浆—纸广义绿色供应链最优共生模式包括多层原料源间的共生、原料与核心企业间的共生、核心企业与林—浆—纸广义绿色供应链末端企业间的共生模式。首先，从苗木公司或者自有营林获取林

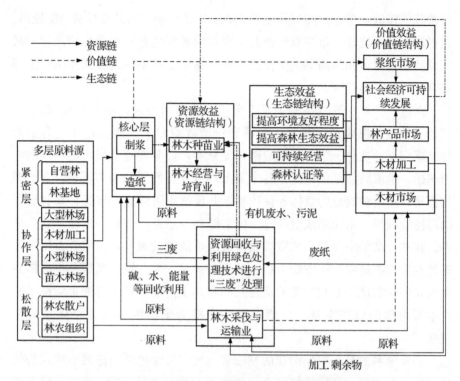

图 5-4 林—浆—纸广义绿色供应链最优共生模式设计
Fig. 5-4 The design of the optimal symbiosis mode
of broad green supply chain for forestry-pulp-paper

木苗木，林木苗木获取后就对其进行经营与培育，长大成林后对林木进行采伐。其次，通过运输企业将采伐的林木运输到林木加工企业进行加工作为制浆造纸的原材料供应，将林木制成浆输送至造纸企业进行造纸。然后，造纸企业在进行造纸的过程中必然会产生一些废弃物，造纸企业通过对资源进行回收和利用绿色技术对废水、废渣、废气等"三废"进行处理，达到变废为宝的作用。此时，就会保护生态环境，产生生态效益；资源可持续经营产生资源效益；进行森林认证，产生生态效益。最后，经过处理后的浆纸产品运输至浆纸市场获得经济利润进而产生经济效益。同时，采伐后的林木也可直接运输至木材市场，木材市场对木材进行加工，投入林产品市场，也可获取经济利润，产生经济效益。其中，苗木公司和自营林企业属于紧密层；林农组织、营林公司和林场属于协作层；林农散户、林农组织、物流公司属于松散层；紧密层、协作层和松散层共同构成了协同层。紧密层、协作层、松散层、协同层共同构成了林—浆—纸广义绿色供应链的子系统共生模式。在共生模式中，还夹杂着资源、价值和经济链条的功能，链条与链条间可实现资源链、价值链和生态链的合一性。

5.6 本章小结

制浆造纸企业作为林—浆—纸广义绿色供应链上的核心企业，需按确定的共生模式与供应链上的节点企业开展运营活动，本章利用解释结构模型构建评价指标体系，利用模糊综合评价法对四种基本共生模式分别进行生态效益、经济效益、资源效益评价，评价结果是多元两高型共生模式的资源效益、价值效益、生态效益以及总体衡量结果比单一双低型共生模式、媒介偏废型共生模式、利益偏废型共生模式都高，根据效益评价结果筛选最优共生模式为多元两高型共生模式。根据效益评价结果筛选出最优共生模式后，对最优共生模式的生态效益、价值效益和经济效益进行深入分析，借此详细设计了最优共生模式，从核心层与紧密层、协作层、松散层、协同层的资源、价值交换角度，实现林—浆—纸广义绿色供应链的资源链、价值链和生态链的合一性。

6 广义绿色供应链最优共生模式的 Multi-Agent 运行机制研究

根据本书研究思路和研究内容，在第 5 章对广义绿色供应链共生模式进行效益评价与最优模式筛选的基础上，本章运用 Multi-Agent 技术对最优共生模式的运行机制进行研究。具体内容安排如下：首先，建立广义绿色供应链 Multi-Agent 系统结构，包括 Multi-Agent 技术介绍、基于 Multi-Agent 构建广义绿色供应链总结构、基于 Multi-Agent 构建广义绿色供应链子结构；然后，基于 Multi-Agent 系统结构对最优共生模式进行多层级运行机制研究，包括核心层 Multi-Agent 系统运行机制、紧密层/协作层 Multi-Agent 系统运行机制、松散层 Multi-Agent 系统运行机制、协同层 Multi-Agent 系统运行机制、整体 Multi-Agent 系统运行机制等；最后，将核心层单独进行研究。研究林—浆—纸广义绿色供应链核心层的多维共生机制，包括分析核心层的多维共生机制的多目标、分析核心层多维生产计划决策机制、建立核心层多维生产计划决策模型，之后对其进行核心层生产计划决策模型仿真运算及结果分析等。

6.1 广义绿色供应链 Multi-Agent 系统结构建立

6.1.1 Multi-Agent 技术

绿色供应链管理是一种现代管理模式，以绿色制造理论、可持续发展理论与供应链管理技术为指导，涉及绿色供应链内原料供应商、生产制造企业、经销商与客户，其目的是使得产品从原料供应、生产制造、使用到产品消费后回收的整个过程，通过改进生产工艺与流程、消费模式，达到环境影响最小化，提高资源使用效率（王能民，2015）。

1. 代理的概念与特征

代理（Agent）的概念出现在许多学科研究中，如人工智能，面向对象的系统设计与分析方法和人机接口等。代理具有自主解决问题的能力，在没有人类的直接干预下能完全控制自己的目标和行动。代理通过通信协议语言与其他代理交互，通过试错机制适应实时环境的变化，积极主动地表现出以目标为导向的行为。多代理（MA，Multi-Agent）技术来源于人们对人工智能的钻研探索，且逐步深化与完善。在分布式人工智能中，多代理计算模型在研究由代理的个体行为相互作用所引起的协调问题中是有效的。伴随着计算机网络化和智能化的发展，人们对MA技术的研究从人工智能领域转移到更为广泛的网络计算、计算机语言和计算机软件等方面。

一般来说，Agent应具备以下几个基本特征：一是自主性，顾名思义就是自主控制，在没有外界干扰和控制下，能够控制和调整自己的行为及状态等；二是反应性，顾名思义就是随时做出反应，能够感知外部环境并迅速地做出反应等；三是目标导向性，能够根据特定的目标来调节相应的行为等；四是能动性，在特定的情况下能够主动行动，针对外界环境做出一定的响应，但是这种能动性必须要在外界严格的目标下进行；五是社会性，亦称协作性，通过Agent和其他人互相交流沟通等，有效完成工作。

另外，根据应用情况，Agent还可以有其他特征，比如移动性、诚实性、智能性和竞争性等。概括地说，Agent是对所研究的系统要素的抽象，它能够在一定的环境中为了满足其设定的目标而采取一定的自主行动。Agent总是能够感知其所处的环境并影响环境的行为，适应环境的变化。尽管Agent因应用领域的不同而具有不同的特性，但自主性是Agent的核心，Agent在其环境中自主、独立解决问题，关于这一点人们已达成了共识（Monostori，2006；白世贞等，2008）。

2. 多代理系统

多代理系统（MAS，Multi-Agent System）是解决问题的松散耦合网络，由多个主动或半主动的Agent构成，每个Agent具有在不同领域解决不同问题的能力，每个Agent通过与其他Agent互相交流沟通等，共同解决超出单个 Agent 能力的复杂问题。MAS 的基本原理是通过模拟人类社会系统的运行机制来提高计算机系统解决复杂问题的能力。它是具有与实际系统相似的结构和运行机制的信息系统，通过各 Agent 间的通信、合作及控制等来反映表达出各要素系统的结构、功能和行为特征。在 MAS 中，在没有全局或集中控制的情况下，单个代理信息不完整，解决问题的能力有限，而数据是分散处理和分散存储的，通过有效的协作策略实现异步计算。MAS 研究的主要目标是开发代理和系统体系结构，以对目标实体系统的决策行为进行建模。本书研究的林—浆—纸广义绿色供应链共生系统是以供应链整体利益最大化为目标，协调各共生节点企业利益。

6.1.2　基于 Multi-Agent 的广义绿色供应链总结构

在图 6-1 中所示的林—浆—纸广义绿色供应链共生模式的短链结构中，核心企业为制浆造纸企业，为保证原料的供应，核心企业除了建设自有的营林企业外，还与其他营林企业以参股的方式合作造林，或以契约的形式与林场和林农等合作，与纸浆贸易公司签订进口纸浆的需求协议。通过造林与造纸的结合，可以形成以纸养林、以林促纸、林纸结合的良好格局，实现造纸、社会、自然的和谐发展。

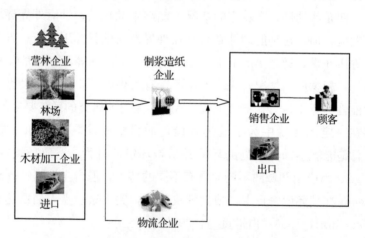

图 6-1　林—浆—纸广义绿色供应链共生模式的短链结构模型
Fig. 6-1　The short chain structure of the symbiosis modes of broad green supply chain for forestry-pulp-paper

根据核心企业与林—浆—纸广义绿色供应链上其他成员企业间关系的

紧密程度的不同，把林—浆—纸广义绿色供应链分为不同的层次，即紧密层、协作层、松散层和协同层，不同层次的企业之间采取的合作机制是不同的。对于这些复杂的合作机制，仅靠传统的供应链建模与优化工具无法解决，需借助 MA 方法，对林—浆—纸广义绿色供应链进行一系列抽象，成为一个 MAS。在 MAS 的理论框架下，林—浆—纸广义绿色供应链上的每个企业都是一个独立自主的 Agent，分别营林、培育和管理用材林，然后运输和仓储原料和产成品，最终生产和销售纸浆与纸制品等。

每个 Agent 按照自身利益最大化原则，执行其在林—浆—纸广义绿色供应链中的功能，并与环境和其他 Agent 相互作用。制浆造纸 Agent 完成自营林的建设与培育，木材或纸浆的采购，包括从国外进口、制浆和造纸，并与销售 Agent 对接。每个 Agent 一般都包括多个子 Agent，即 Sub-Agent，Sub-Agent 在某种合作机制下聚集而成一个 Agent。因此，在 MAS 中，Agent 可分成多个层次，从上而下进行分解，得到多个层次的 Sub-Agent，而这些 Sub-Agent 由下而上聚集形成林—浆—纸广义绿色供应链，如图 6-2 所示。

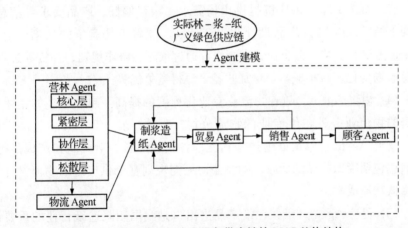

图 6-2　林—浆—纸广义绿色供应链的 MAS 总体结构
Fig. 6-2　The MAS total structure of broad green supply chain for forestry-pulp-paper

根据图 6-2 所示的林—浆—纸广义绿色供应链的 MAS 总体结构，下面作进一步分析。

（1）营林 Agent。营林 Agent 是林—浆—纸广义绿色供应链中的重要环节，它是一切原料的来源，能够为下游 Agent 提供源源不断的木材原料，并通过不断增强自身竞争力，使森林资源不断增长、森林生态不断改善。营林 Agent 可作为下游 Agent 的子公司存在，也可以独立存在。由于林木生长的特点，营林 Agent 对于原料的准备时间较长，不能实现应急生产，因此对木材原料的需求预测显得十分重要。但由于预测期较长，所以预测难度较大。

(2) 制浆造纸 Agent。制浆造纸 Agent 也可以细分为制浆 Agent 和造纸 Agent，这里我们把它们统一称为制浆造纸 Agent，它们能够接收下游 Agent 订单，能够根据市场需求来恰当安排生产计划从而制订合乎实际的原料采购计划和林木培育计划等。制浆造纸 Agent 负责实现原料到产成品的转换，最后通过物流 Agent 运送到需求地，满足下游 Agent 的需求。制浆造纸 Agent 在原料的采购方面存在多种形式，例如，从内部营林公司或林场获得原料，或通过与其他营林公司、林场或林农合作而获得木材，或通过贸易公司进口木浆。当然，如果多生产的木浆也可以出口。另外，由于林业行业原料生产周期较长的特点，制浆造纸 Agent 还需要提前寻找合作伙伴，提前进行林木培育。

(3) 销售 Agent。销售 Agent 作为最接近市场的 Agent，需要为整个林—浆—纸广义绿色供应链提供市场需求、顾客偏好、产品要求等信息，方便上游 Agent 制订产品设计和生产计划。随着市场竞争的加剧，销售 Agent 需要和上游制造企业紧密合作，通过预测、协作规划、补货等过程，跟踪市场变化、减小成本、增加收益、赢得竞争优势。

(4) 物流 Agent。随着物流业专业化程度的提高，越来越多的企业将自身的物流业务外包给专业的物流公司。在林—浆—纸广义绿色供应链中，物流 Agent 能够很好地运输和配送各企业原料、半成品和产成品等，当然也包括废旧物品的回收。物流公司还能规划整个供应链的物流设计等以降低物流成本。

(5) 贸易 Agent。纸浆、纸产品进出口是我国制浆造纸行业的重要调剂手段，纸浆、纸产品进口可作为我国造纸企业原料供应不足的重要补充力量；纸浆、纸产品出口也为我国制浆造纸企业的剩余产能提供了良好的销售渠道。

(6) 顾客 Agent。又称为"终端顾客"，即最终接受产品或服务的个人或组织。顾客是最终需求者，顾客对产品具有很强的需求欲望，而恰恰是这种需求拉动了整个供应链的良性运作。另外，循环经济模式下的废弃产品的逆向物流，也需要通过顾客 Agent 协助完成。

在林—浆—纸广义绿色供应链的 MAS 中，制浆造纸企业多为核心 Agent，是供应链中联系上下游企业的关键节点，完成最终产品的生产。营林 Agent 主要完成纸浆原料林基地的建设，保证制浆造纸企业原料的供应。制浆造纸 Agent 除了拥有自己的原料林基地外，还可以同时与多个营林企业合作，也可以与林场或散户合作。物流 Agent 负责原料、中间产品和最终纸产品的运输和仓储等工作。销售 Agent 负责将产品销售给顾客，满足市场需求，并收集市场信息，提供给制浆造纸企业等供应链成员。各 Agent 通过 Internet 相互连接、传递信息、相互协商。

6.1.3 基于 Multi-Agent 的广义绿色供应链子结构

1. 制浆造纸企业 Agent 的下层 Sub-Agent 结构

林—浆—纸广义绿色供应链中各 Agent 由多个下属部门组成，每个部门完成不同的任务，各个部门则是 Sub-Agent。每个 Agent 内部 Sub-Agent 系统的设计都会有所不同。一个生产型 Agent 的 Sub-Agent 系统主要包括订单管理 Sub-Agent、库存管理 Sub-Agent、生产计划 Sub-Agent、能力计划 Sub-Agent、物料计划 Sub-Agent、车间作业管理 Sub-Agent、制造 Sub-Agent、采购管理 Sub-Agent、财务管理 Sub-Agent、运输管理 Sub-Agent、客户管理 Sub-Agent、销售管理 Sub-Agent、供应商管理 Sub-Agent 等。

以林—浆—纸广义绿色供应链的制浆造纸 Agent 为例，如图 6-3 所示，内部 Sub-Agent 系统可分为六个单元：采购 Sub-Agent、生产 Sub-Agent、

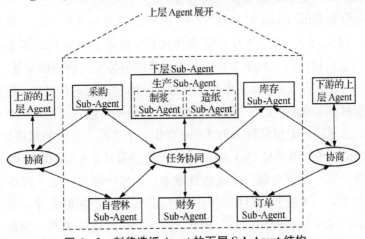

图 6-3 制浆造纸 Agent 的下层 Sub-Agent 结构

Fig. 6-3 The following sub-agent structure of pulping and papering agent

库存Sub-Agent、订单Sub-Agent、自营林Sub-Agent、财务Sub-Agent。其中，生产Sub-Agent包含制浆Sub-Agent和造纸Sub-Agent。

（1）采购Sub-Agent从生产Sub-Agent获得采购清单，首先与自营林Sub-Agent联系，然后根据产品需求时间和原料可用量制订采购计划，以保证企业对原料的正常使用。采购Sub-Agent不仅面向企业内部的其他Sub-Agent，而且是与供应链上游Agent联络的关键单元。

（2）生产Sub-Agent在接到生产指令后，生成生产计划和物料需求计划，并与采购Sub-Agent交互、协商，在收到原料后执行产品的生产计划。它需要企业其他Sub-Agent的支持，才能保证企业的正常运作。生产Sub-Agent包含制浆Sub-Agent和造纸Sub-Agent，其中制浆Sub-Agent负责完成木材原料到半成品纸浆的转换过程，造纸Sub-Agent负责将半成品转换为纸成品。

（3）库存Sub-Agent负责处理与原料、半成品和产成品的库存有关的工作，包括记录库存、确定订货点、响应其他Sub-Agent（如生产Sub-Agent、订单Sub-Agent等）对库存可用量的询问等。库存管理是企业运作管理的重要内容，是降低成本、维护正常生产和销售、提高企业经济效益的重要途径。

（4）订单Sub-Agent负责处理来自下游Agent的订单，并根据市场的反应指导生产方向与生产数量。订单Sub-Agent要及时与其他Sub-Agent互通信息，以便更准确地安排采购与生产。

（5）财务Sub-Agent对其他Agent所涉及的资金进行管理、规划以及控制，以保证企业的资金在供应链运作过程中能够正常运行，不会出现所谓由于资金短缺而发生的单个企业乃至供应链整体受到损伤的情况。

（6）自营林Sub-Agent主要负责管理自己的制浆原料林基地。在有些情况下自营林Sub-Agent是一个单独的实体，下层还会包含采购、生产、销售等部门。这里我们把自营林Sub-Agent看作一个单元，完成制浆造纸Agent提供原料的任务。自营林Sub-Agent也要与上游营林企业保持联系和沟通。

在林—浆—纸广义绿色供应链管理中，合作伙伴之间是一种既合作又竞争的关系，一方面要通过协商促使供应链整体利益的最大化，另一方面每个Agent为了获得更多的利润相互之间又是一种竞争关系。因此，无论是Agent还是Sub-Agent之间的竞争不完全是合作性协商，也不完全是竞争性协商，而是属于竞争与合作共存的协商。

2. 下层 Sub-Agent 的底层 Sub-Agent 系统结构

一般来说，底层 Sub-Agent 系统的内部组成结构包括以下两类：功能类模块（执行各种行为功能，如消息处理模块、决策模块和用户界面等）和库类单元（包括知识/规则库、任务/资源列表数据库等）。另外，和其他下层 Sub-Agent 的通信与协商由信息接收、协商、信息发布等模块完成（见图 6-4）。其中，核心部件是协商模块与决策模块，这两个是衡量底层 Sub-Agent 系统功能好坏的重要指标，考虑到决策环境的细微差别，从而帮助制造企业改变竞争战略应对挑战（陈志祥，2005；Shukla et al，2016）。例如，对于财务 Sub-Agent，其通信与协商功能主要完成对其他下层 Sub-Agent 资金请求的应答以及资金流动的记录等；功能类模块完成各下层 Sub-Agent 的资金管理；库类单元完成各下层 Sub-Agent 的财务记录、贮存、查询和分析等任务。

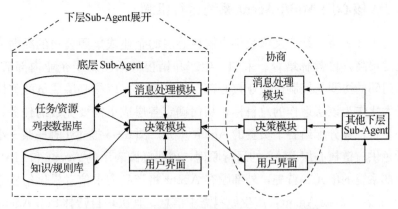

图 6-4　制浆造纸 Agent 的底层 Sub-Agent 结构

Fig. 6-4　The below Sub-Agent structure of pulping and papering

6.2　基于 Multi-Agent 系统结构的最优共生模式多层级运行机制研究

不同于一般制造业供应链，林—浆—纸广义绿色供应链的主要特点为供应链中木材纤维原料的生产周期长，整个过程没有固定的生产模式（Beaudoin et al，2007），存在很大的不确定性。因此，原料的供应很不稳定,一般制造业供应链中的准时制生产、应急采购等模式很难实施。木材纤维原料的供应成为林—浆—纸广义绿色供应链发展的瓶颈。林—浆—纸广义绿色供应链要求制浆造纸企业建设自己的原料林基地,以防止发生原料价格的波动和供应短缺等问题。另外,由于企业资金的约束,在供应链中,制浆造纸企业还会与多个营林企业或林场、林农等建立合作关系,以保证原料的供应。这样,一方面能够尽量保证制浆造纸企业充足的原料供应,另一方面也解决了上游营林企业或林农等供应方由于需求的不确定性而导致的无序生产问题。

根据林—浆—纸广义绿色供应链中核心企业与供应链上其他成员的关系,将林—浆—纸广义绿色供应链分为核心层、紧密层、协作层、松散层和协同层。处于不同层次的企业与企业间的运行机制也会有所不同,下面依次对其进行分析。

6.2.1 核心层 Multi-Agent 系统运行机制

处于林—浆—纸广义绿色供应链核心层的企业或集团公司的纵向一体化程度很高,自营林培育、采购、生产和销售等活动属于企业内部活动,各部门间的协调与控制由企业核心部门统一管理。以核心层成员的整体利益最大化作为该层运作的总目标,从而确定各层成员需要完成的任务,并进一步将任务分配给各个负责的 Agent 单元。图 6-5 描述了林—浆—纸广义绿色供应链核心层 MAS 的运行原理,虚线椭圆表示的 Agent 和 MAS 属于外部系统的单元。首先,外部顾客 Agent 将产品需求信息提供给核心层 MAS 的制浆造纸 Agent,产生原料需求信息。其次,自营林 Sub-Agent 考察自营林能否满足原料需求,如果能够满足,就得到了原料供应信息;如果不能满足,需要看看能够满足多少,由此得到原料供应信息、剩余外供信息或全部外供信息。然后,将外供信息转到紧密层/协作层 MAS,由此综合成原料供应信息。最后,核心层 MAS 根据原料供应情况(即原料约束条件)进行生产计划决策。

林—浆—纸广义绿色供应链的核心层是紧密型集成管理,生产计划决策可以利用现成的运筹模型求解。

$$\begin{aligned} z_{\max} &= C \times X_i, \quad i=1,2,3,\cdots,n \\ \text{s.t.} \quad & A \times X_i \leqslant b \\ & E \times X_i \leqslant d \end{aligned} \quad (6-1)$$

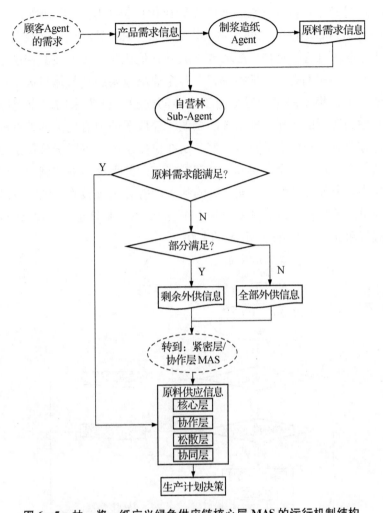

图 6-5 林—浆—纸广义绿色供应链核心层 MAS 的运行机制结构

Fig. 6-5 The operation mechanism of the core layer MAS of broad green supply chain for forestry-pulp-paper

式中，z 表示核心层企业的目标函数，一般是企业总利润最大；C 表示单位产品的利润率；X_i 表示核心层企业的产品决策向量；A 表示资源约束矩阵；E 表示环境约束矩阵；b 表示企业原料供应等资源约束向量；d 表示"三废"排放等环境约束向量。

6.2.2 紧密层/协作层 Multi-Agent 系统运行机制

供应链协调机制主要包括黑板机制、合同网机制和可信任第三方机制

(陈志祥，2005)。在林—浆—纸广义绿色供应链的紧密层/协作层中，制浆 Agent 与营林 Agent 之间是主从共生关系。林—浆—纸广义绿色供应链的核心企业占据主导地位，控股或参股到其他成员公司。在紧密层中，核心企业对子公司拥有完全的控制权，各企业决策要服从整体目标。这种情况下的决策是集权决策，避免由于实体间的独立性带来的双重边际化问题。考虑到实际的运作，即使核心企业对控股子公司有完全的控制权，也要保证控股子公司应有的自身利润。而在协作层中，参股子公司是独立经营的法人实体，核心企业对其决策有影响作用并无绝对的控制权。因此在协作层中，要保证参股子公司应有的利润，借助 MA 技术中的协商理论实现供应链的帕累托改进。紧密层和协作层 MAS 的具体运行原理见图 6-6。图中虚线单元表示与外部 MAS 的关联。

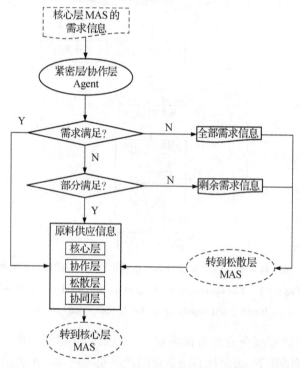

图 6-6　林—浆—纸广义绿色供应链紧密层/协作层 MAS 的运行机制

Fig. 6-6　The operation mechanism of the tightness collaboration layer MAS of broad green supply chain for forestry-pulp-paper

首先，紧密层和协作层 MAS 得到来自核心层 MAS 的需求信息，如果该需求能够完全得到满足，则向核心层 MAS 提供此供应信息；如果不能得到满足或不能全部得到满足，则转入松散层 MAS。然后，通过松散层 MAS 的运行将原料供应信息汇总，转到核心层 MAS。

6.2.3 松散层 Multi-Agent 系统运行机制

在林—浆—纸广义绿色供应链的松散层中，核心企业与供应链上的成员是动态联盟关系，适用于供应链协调机制中的黑板机制。黑板机制是一种 MA 协调机制。在该机制下，所有 Agent 的地位是相对平等的，根据黑板分布式的系统来共同承担相应的任务，通过诸多相互联系的 Agent 组织来共同求解一个供应链的任务协作分配问题，可以加强供应链协同效果，提高整体运行效率（李敏等，2016）。分布式黑板作为信息媒介，可以是共享空间或电子商务平台，智能 Agent 通过黑板交换信息，当黑板记录问题和初始数据时，这时候开始进行求解，诸多 Agent 观察黑板来寻找各自求解问题的机会。当一个 Agent 看到黑板上的信息能够支持求解问题，他就会利用这些信息求解，他求解的信息会被记录在黑板上，新增加的信息就会使松散层其他 Agent 继续求解。重复这一过程可以指导问题的彻底解决，获得最终的结果。如某林农 Agent 看到制浆造纸企业在某个时间段需要原料，就会为该企业供应原料，倘若他的原料供应不能满足该企业的需求，剩下的原料需求信息会被记录在黑板上，松散层的其他 Agent 会根据新的信息为制浆造纸企业供应原料。林—浆—纸广义绿色供应链核心企业与松散层合作伙伴的形成过程是一个博弈过程，需通过契约方式建立联系，需借助博弈论等分析松散层与供应链上其他成员的合作关系。一旦契约不能实现两者的目标，即只能满足一方目标的情况下，两个 Agent 之间不能形成联盟，一方 Agent 就会退出供应链。

图 6-7 描述了林—浆—纸广义绿色供应链松散层 MAS 的运行原理。同样，虚线单元表示与外部 MAS 的关联。松散层营林组织或个体对来自紧密层/协作层 MAS 的需求信息，通过博弈签订木材原料供应合同。如果仍不能满足需求，则转到协同层 MAS 进行协调；如果无法协调，则需转到木材市场，通过供应链外部市场购买木材原料（但交易成本较高）。最后，汇总原料供应信息，转回到紧密层/协作层 MAS。

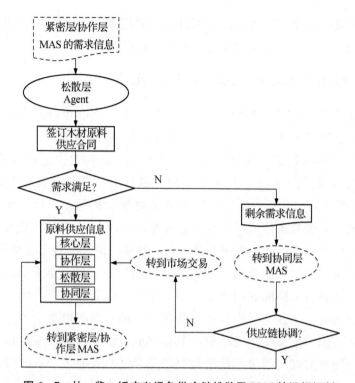

图 6-7　林—浆—纸广义绿色供应链松散层 MAS 的运行机制

Fig. 6-7　The operation mechanism of the loose layer MAS of broad green supply chain for forestry-pulp-paper

6.2.4　协同层 Multi-Agent 系统运行机制

　　林—浆—纸广义绿色供应链是由多个拥有不同关键技术与资源的林、浆、纸、商等企业，为了获得竞争优势，通过一定方式组成的优势互补、资源共享、风险共担、要素双向或多向流动的多层级供应链系统。一般情况下，供应链系统中各企业的合作可以分为垂直合作和水平合作两种类型。垂直合作是指制浆造纸企业与营林、销售等企业合作共同满足产品需求；水平合作是指制浆造纸企业间或营林企业间的相互合作，共同满足下游企业或来自终端消费者的需求。通过合作，各企业可以实现优势互补，从而提高整个供应链系统的性能。相比链条式供应链系统，林—浆—纸广义绿色供应链系统更加复杂，它具有包含了核心层、紧密层、协作层和松散层的网络结构。供应链系统中各成员根据所获取的信息独立决策，并通过物流、信息流和资金流的相互交流，形成合作和竞争的关系。当这种相互作用关系不能满足供应链的原料供应和产品销售的要求，或者产业发展和环境保护发生不协调现象，或者因"牛鞭效益"等问题导致供需混乱时，都需要由供应链的协同层进行整体协调和控制。

协同层是林—浆—纸广义绿色供应链中最高层次的协调系统，由核心企业主导，协调管理整个供应链一体化的运行。协同层规定整个供应链系统的协调规则，对来自下游的订单进行总体把握，并以此根据紧密程度的不同进行协调和平衡，以求实现整个供应链系统的最大利润。协同层在实现协同运行时，需借助信息技术，在信息共享平台上由协同 Agent 根据协商规则、契约设计和协调机制完成供应链的整体协调与控制。协同层 MAS 的运行原理如图 6-8 所示。

图 6-8　林—浆—纸广义绿色供应链协同层 MAS 的运行机制

Fig. 6-8　The operation mechanism of the collaborative layer MAS of broad green supply chain for forestry-pulp-paper

6.2.5　整体 Multi-Agent 系统运行机制

在林—浆—纸广义绿色供应链中，当核心层中的制浆造纸 Agent 接到客户的纸产品订单后，其运作流程如图 6-9 所示。制浆造纸 Agent 首先判断是否有能力完成订单，如果能够完成且有现货，则直接安排供货；如果由于生产能力不足而不能满足客户要求，则将订单退回客户；如果原料库存能够满足生产需要，则进行生产；如果库存原料不足，则进行原料采购。在安排原料采购和供应时，以核心企业层为例，考察其自营林 Sub-Agent 供应能力，如果自营林不能完全满足库存原料缺货量，则考虑紧密层和协作层的供应量；如果紧密层和协作层不能完全满足原料缺货量，则考虑松散层供应量；如果松散层不能完全满足原料缺货量，则需要通过协同层进行协调；如果协同层协调后还有部分缺货，则向外部市场（包括国际市场）采购。如果通过以上步骤，企业能够采购到足够的原料，则将原料入库，并更新原料库存，进入生产过程。

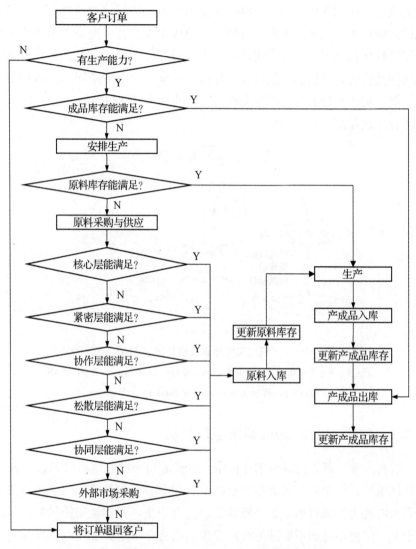

图 6-9　林—浆—纸广义绿色供应链整体 MAS 的运行机制

Fig. 6-9　The operation mechanism of the total MAS of broad green supply chain for forestry-pulp-paper

在紧密层和协作层，核心企业选择供应商的机制主要使用合同网机制。当紧密层和协作层的营林 Agent 不能完成原料供应任务时，制浆造纸 Agent 可以利用黑板机制或可信任第三方机制，通过电子商务平台或第三方机构，在松散层中寻找合作伙伴，组建动态联盟。黑板机制提供了数据共享、问题解决的平台（Jiao，2006；Lee et al，2008），通过这一平台，制浆造纸 Agent 提交需求，其他营林 Agent 提供解决方法，制浆造纸 Agent 寻找到松散协作型的合作伙伴。利用黑板机制可以减少协商次数，缩短协商时间，提高原料供应效率（武玉英等，2015）。

6.3 林—浆—纸广义绿色供应链核心层的多维共生机制研究

6.3.1 核心层多维共生机制的多目标分析

核心层的决策主要考虑供应链整体的可持续发展问题，企业为实现总体目标，不仅要提升经济利益，同时还要保证经济和生态环境建设协同发展，不能为了经济而损害环境，也不能为了生态环境而不发展经济，要保证经济与生态的协同建设。由于林—浆—纸广义绿色供应链的木材原料生产周期较长，所以企业的抗风险能力还跟原料供应市场的控制能力密切相关。另外，制浆造纸是污染较为严重的行业之一，而且对森林资源的消耗很大，因此环境效益和生态效益也是企业必须认真对待的。随着环境污染和资源紧缺问题的日益严重，只有对环境负责的企业和产品才能受到消费者的青睐。所以核心层的运行目标可以从下面三个方面来考虑：核心公司经济效益的最大化，竞争能力与抗风险能力的提高，以及生态与环境效益的提高。核心层的决策目标体系如图 6-10 所示。

在林—浆—纸广义绿色供应链的核心层中，只有各个共生单元将核心层公司的目标作为自己的目标，才能真正实现供应链的可持续发展。因此，在核心层的运行中，既要看到核心层的集成性，又要看到制浆造纸单元和营林单元的相对独立性。营林单元不应该单纯被作为原料的供应基地，而应该纳入供应链整体系统中，并参与外部市场的交易。营林单元的产出，应考虑内部供应给制浆造纸单元与供应到外部市场的经济效益问题。核心层公司所用营林单元的原料应按内部供应链价格独立核算，这样才能促进营林单元考虑部门的生产经营效益和劳动消耗效果，考虑林业品种与林业栽培技术。同样，制浆造纸单元应既服从供应链整体可持续发展战略要求，又要独立核算，考虑原料的内部供应、供应链供给和市场采购的结构和成本，考虑纸浆产品的销售计划，考虑生产工艺的改进与环境治理的关系。

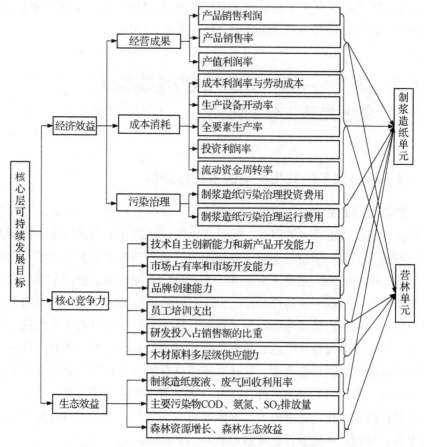

图 6-10　林—浆—纸广义绿色供应链核心层的决策目标体系

Fig. 6-10　The decision-making target system of the core layer of broad green supply chain for forestry-pulp-paper

6.3.2　核心层多维生产计划决策机制的分析

核心层多维集成共生机制目标的实现要依赖生产活动的顺利开展，而生产活动的顺利开展首先要有目标明确的生产计划。由于制浆造纸的行业特殊性，所考虑的生产计划为规划期内（原料林的一个生长周期）及其某一计划期（一般为年度）的浆、纸产品产量计划和原料林建设计划等，其决策机制如图 6-11 所示。

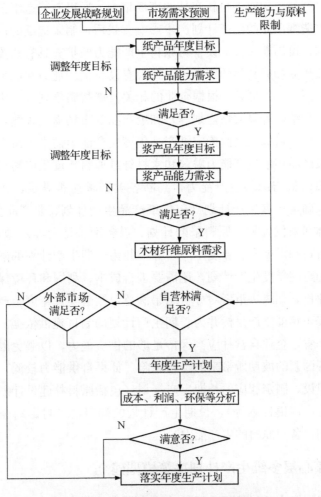

图 6-11 核心层多维生产计划决策机制

Fig. 6-11 The decision-making mechanism of the core layer of Multi-dimensional production plan

市场需求预测、企业发展战略规划和设备与原料生产能力是决定企业纸产品和原料林生产计划的主要因素。首先，从供应链管理的"以需定产"思想出发，市场对于企业产品的需求是决定制浆造纸单元生产计划的主要因素。需求的测定可以从订单、市场预测和合理库存需求三个方面来测定。然后，不同性质和不同质量要求的纸产品，对原料的需求、成本结构、利润水平、生产工艺、制浆造纸生产过程对环境的污染程度等都有所不同，而制浆造纸公司出于提高盈利能力、竞争能力和环境保护的需要，可能会调整产品结构或进行新产品的市场培育，所以制浆造纸公司的战略规划也会对造纸单元的生产计划产生影响。最后，制浆造纸的设备建设周期和原料林建设周期较长，设备与原料生产能力的扩充具有非连续性的特点，所以纸产品和原料林的产量还受到现有设备生产能力和原料生产能力的约束。从图6-11可见，根据企业的相关发展战略规划（如生产规模战略规划、产品结构升级战略规划等）和纸产品的市场需求预测，可以确定纸产品年度生产目标。由此确定纸产品年度生产能力需求、浆产品年度生产目标、浆产品年度生产能力需求和木材纤维原料年度供应需求等。根据企业目前的设备与原料生产能力，判断各类需求能否满足，如果均能满足，则可以确定年度生产计划（包括纸产品生产计划、浆产品生产计划、原料林营林和采伐计划、原料采购计划、设备准备计划等）；如果有不能满足的项目，则需要调整年度生产目标，并为长期生产计划的确定提供依据。对已确定的年度生产计划，还需要进行成本、利润和环境保护等方面的分析或评价。如果决策者对分析结果满意，则落实该年度生产计划；否则，返回修正年度生产目标并为长期生产计划的制订提供依据。此外，从长期发展来看，企业自营林应当保持足够的供应能力，以避免因原料、价格和政策等因素的波动所带来的经营风险。如果自供能力较低，则需要加强原料林建设，制定相应的长期生产规划（包括原料林建设计划、设备能力计划和生产规模计划等）。长期生产计划的确定，又将影响企业的发展战略规划和设备与原料的生产能力。

6.3.3 核心层多维生产计划决策模型建立

构建规划期内各年的纸产品生产和原料林种植的生产计划决策模型，该模型属于动态规划中的离散型，具有决策过程随时间变化的动态特点，个数有限。核心层生产计划决策是一个多阶段决策问题，可以将其求解的全过程划分为若干个相互联系的阶段，即企业需要对规划期内每一年的生产量做出决策，并且规划期内前一年的决策要影响到后一年的决策。

1. 模型的假设

（1）核心层企业有n种纸产品；（2）原料林从种植到成熟所需时间为L

年，规划期为 L 年；（3）决策目标为实现企业在年内的总利润最大化；（4）在 L 年内，生产技术不变，企业生产能力不变；（5）除市场需求发生巨大变动外，纸产品的库存时间最长为一年，并且遵循先入先出的管理原则；（6）造纸投入原料都为木浆，为提高原料的自供能力，假设进口木浆占总消耗的比重不超过 50%；（7）避免换算的复杂性，浆和纸应该换算成当量标准单位，即吨纸和吨浆是同质的，这样的话就可以直接进行比较；（8）制浆造纸企业是风险中立者，为了规避因污染环境被重罚甚至被禁止营业的风险，经营时按环保法规要求使用绿色制造技术。

2. 目标函数模型

根据本书研究目的，本书欲构建核心层生产决策计划的目标函数模型，在参考已有文献（张智光，2011）的基础上，还考虑了林—浆—纸广义绿色供应链的多层原料来源等特性，建立了本书目标函数模型，具体如式（6-2）、式（6-3）和式（6-4）所示：

$$R_{\max} = \sum_{i=1}^{L} R_i \tag{6-2}$$

$$= \sum_{i=1}^{L} \Big\{ \sum_{j=1}^{n} P_{ij} \times y_{ij} - \sum_{j=1}^{n} c_{ij} \times x_{ij} - w_i \times \Big(\sum_{j=1}^{n} \alpha_j \times x_{ij} - \zeta_i \Big) - \sum_{j=1}^{n} \sum_{k=i-1}^{i} g_i \times (x_{kj} - y_{kj}) - h_i \times \xi_i - q_i \times \Big[\xi_0 + \sum_{k=1}^{i} (\xi_k - r \times \zeta_{k-1}) \Big] - s_i \times \zeta_i - \sum_{i=1}^{L} \sum_{j=1}^{n} \eta_i \times P_i^l \times x_{ij} \Big\}, i=1,2,3,\cdots,L; j=1,2,3,\cdots,n \tag{6-3}$$

$$x_{ij} \geqslant 0; \ y_{ij} \geqslant 0; \ \zeta_i \geqslant 0; \ \xi_i \geqslant 0 \tag{6-4}$$

式（6-2）、式（6-3）和式（6-4）中：R 表示企业在 L 年内的总利润；R_i 表示第 i 年的利润；P_{ij} 表示第 i 年第 j 种纸产品的市场销售价格；y_{ij} 表示第 i 年第 j 种纸产品的计划销售量；c_{ij} 表示第 i 年第 j 种纸产品的单位平均成本系数（除木材原料外），包括除木材原料外的购置、设备折旧、人力成本、管理费用、排污处理成本，即单位产品平均成本；x_{ij} 表示第 i 年第 j 种纸产品的计划产量；w_i 表示第 i 年木材原料的采购价格；α_j 表示单位木材原料消耗系数；ζ_i 表示第 i 年的自营林的成熟林木采伐量，设 $\zeta_0 = 0$；g_i 表示单位库存成本，包括税收、保险、库存损失（损坏和被盗）、仓库的日常管理（照明费用和员工工资）；h_i 表示第 i 年新增原料林或补种林木的单位面积种植成本，包括树苗采购、获取土地使用权的费用等；ξ_0 表示规划期初的原料林面积；ξ_i 表示第 i 年新增原料林或补种林木的种植面积；q_i 表示第 i 年原有原料林的单位面积维护成本，包括防火、病虫害防治、施肥、土地承包费用等；r 表示成熟林采伐量和林地面积的转换系数；η_i 表示第 i 年的进口木浆所占比重，不能超过 50%；P_i^1 表示第 i 年的进口木浆的平均价格；s_i 表示第 i 年的成熟林单位采伐量的采伐成本和运输成本等。

3. 约束函数模型

（1）产量与销售量约束

企业的纸产品产量与销售量约束模型如下：

$$y_{ij} \leqslant d_{ij} \tag{6-5}$$

$$y_{ij} \leqslant x_{ij} + (x_{i-1} - y_{i-1,j}) \tag{6-6}$$

式（6-5）中，d_{ij} 表示第 i 年第 j 种纸产品的市场需求量。式（6-5）表示销售量小于或等于市场需求量；式（6-6）表示销售量小于或等于库存量。

（2）生产能力约束

制浆造纸企业的生产能力约束模型如下：

$$\sum_{j=1}^{n} e_{ijm} \times x_{ij} \leqslant E_{im}, m = 1, 2, 3, \cdots, M \tag{6-7}$$

式（6-7）中，e_{ijm} 表示第 i 年第 j 种纸产品在第 m 种造纸设备上的加工时间；E_{im} 表示第 i 年第 m 种造纸设备的允许加工时间；M 表示设备种类数。

（3）污染排放约束

制浆造纸企业的污染排放约束模型如下：

$$\sum_{j=1}^{n} o_j \times x_{ij} \leqslant O_i \tag{6-8}$$

$$\sum_{j=1}^{n} f_j \times x_{ij} \leqslant F_i \tag{6-9}$$

式（6-8）和式（6-9）中，o_j 表示经过企业深化环保综合治理后，纸产品废水排放量中的单位 COD 含量；O_i 表示第 i 年政府的环境保护部门允许该企业废水排放中的最大 COD 含量；f_j 表示经过企业深化环保综合治理后，纸产品的单位固体废弃物排放量；F_i 表示第 i 年政府的环境保护部门允许该企业最大的固体废弃物排放量。

(4) 自营林的采伐与自供能力约束

自营林的采伐约束包括以下三个方面：林木采伐量小于或等于管理部门提供的采伐指标；林木采伐量小于生长量；保证企业拥有一定的林木自供能力，以降低市场风险。约束模型分别如式（6-10）、式（6-11）和式（6-12）所示：

$$\zeta_i \leqslant \mu_i \qquad (6-10)$$

$$\zeta_i \leqslant \gamma \times \left[\xi_0 + \sum_{k=1}^{i}(\xi_k - r \times \zeta_{k-1})\right] \qquad (6-11)$$

$$\gamma \times \left[\xi_0 + \sum_{k=1}^{i}(\xi_k - r \times \zeta_{k-1})\right] \Big/ \sum_{j=1}^{n} \alpha_i \times x_{ij} \geqslant \beta \qquad (6-12)$$

进一步，式（6-11）可以改写成式（6-13）形式：

$$\beta \times \sum_{j=1}^{n} \alpha_j \times x_{ij} - \gamma \times \sum_{k=1}^{i}(\xi_k - r \times \xi_{k-1}) \leqslant r \times \xi_0 \qquad (6-13)$$

式（6-10）～式（6-13）中，μ_i 表示企业自营林的采伐指标；γ 表示单位面积林地的林木生长系数；β 表示林木安全自供系数。

制浆造纸核心层的自营林地并不是简单的纵向一体化环节，它不仅要满足当前或近期的原料供应，更重要的是要保障长期的生产稳定性和抵御未来的经营风险。由于林业生产周期长，林木的供应受自然环境的变化和国家环境保护政策的影响较大，未来市场的供应量和价格存在很大的不确定性，所以企业在进行自有林地取材还是外购的决策时，更多地要考虑未来风险，保证未来的木材原料自供能力。这里所说的外购木材原料，包括从供应链的紧密层、协作层、松散层和外部市场购入原料，每种情况下的交易成本和风险均有所不同。

林—浆—纸广义绿色供应链系统涉及核心层企业、稳定的战略合作伙伴、松散的战略合作伙伴、关系松散的合作伙伴及总体协调单元，各层间相互交织、影响、共同演化。依据耗散结构理论，核心层与其他不同层级间构成的竞争合作关系、选择关系构成多层级互动机制，这些机制共同推动信息、资源、价值在层级间传递，推动供应链系统多层级共同演化。

6.3.4 核心层多维生产计划决策模型仿真结果

核心层企业以利润最大化为目标，在原料供应、生产能力和环境规制等约束下，实现以制浆造纸企业为核心的林—浆—纸广义绿色供应链的资源效益、价值效益和生态效益的协调发展。在上述生产计划决策模型中，通过查阅文献、制浆造纸的有关市场报告，咨询林业、制浆造纸产业等领域的相关管理人员、技术人员，查询"十三五"规划资源消耗和污染排放的有关规定和制浆造纸产业相关环境规制后，设定规划期为五年，考虑三种主要纸产品，即未涂布印刷用纸、生活用纸和纸板，并确定了模型中的相关参数和系数，如表6-1、表6-2所示。

表6-1 核心层生产计划决策模型参数值
Tab. 6-1 The parameter value of the decision model of the core layer production plan

年份	P_{ij}			w_i/元	ζ_i/万 hm²	ξ_i/万 hm²	d_{ij}		
	未涂布印刷用纸/(元/t)	生活用纸/(元/t)	纸板/(元/t)				未涂布印刷用纸/万t	生活用纸/万t	纸板/万t
第1年	6 500	6 100	5 500	1 350	0	0	1	0.8	0.5
第2年	6 700	6 200	5 500	1 280	0.01	0.05	1.2	0.9	0.6
第3年	6 800	6 300	5 700	1 210	0.05	0.3	1.5	1	0.8
第4年	7 000	6 350	5 800	1 150	0.1	0.8	1.5	1.2	1
第5年	7 300	6 500	6 000	1 100	0.2	1.5	1.8	1.5	1.2

表6-2 核心层生产计划决策模型系数
Tab. 6-2 The coefficient of the decision model of the production plan of the core layer were given

相关系数	值
c_{ij}	0.02
α_j	2
g_i	0.01
h_i	5 000 元/hm²
ξ_0	2 万 hm²
q_i	1 000 元/hm²
r	0.12
s_i	2 000 元/hm²
E	72 000 小时
γ	0.2

续表

相关系数	值	
e_j	未涂布印刷用纸	0.4
	生活用纸	0.34
	纸板	0.25
f_j	未涂布印刷用纸/万 t	30
	生活用纸/万 t	25
	纸板/万 t	20

根据以上参数，运用 Lingo 程序对林—浆—纸广义绿色供应链的核心层生产计划决策模型进行仿真分析，得出结果如表 6-3 所示。

表 6-3 仿真最优解

Tab. 6-3 The solutions of simulation optimal

年份	x 计算结果/万 t		
	x_1	x_2	x_3
第 1 年	80 750	80 000	50 000
第 2 年	66 000	90 000	60 000
第 3 年	45 000	100 000	80 000
第 4 年	117 500	0	100 000
第 5 年	62 500	50 000	120 000
年份	y 计算结果/万 t		
	y_1	y_2	y_3
第 1 年	80 750	80 000	50 000
第 2 年	66 000	90 000	60 000
第 3 年	45 000	100 000	80 000
第 4 年	0	0	100 000
第 5 年	18 0000	50 000	120 000
最大利润	1 407 301 000 元		

从表 6-3 可得出以下结论：

（1）在利润最大化目标下，企业在不同年份的不同产品的生产计划应根据市场价格、原料供应、污染排放的限制做出不同的调整，各种产品从第 1 年到第 5 年都会增加，但增加幅度存在差异。

（2）计划产量和计划销售量在未涂布印刷用纸的规划期后期存在较大差异，而生活用纸和纸板在规划期内两者保持一致。

（3）如果扩大原料来源，自有纸浆的比重提高，纸浆的采购成本和交易成本等降低，则利润将进一步扩大。

这里的参数设置虽已经过反复论证，但因部分数据无法获得真实数据，因此结果与实际运作存在偏差。从模型仿真过程中可以看出，该模型是可行的，而且具有可操作性，制浆造纸企业的真实数据输入模型中，可以为林—浆—纸广义绿色供应链中核心层企业的生产计划决策提供依据，实现资源效益、价值效益和生态效益的最大化。

6.4 本章小结

利用 Multi-Agent 技术构建了林—浆—纸广义绿色供应链系统的总结构、子结构，并在此基础上分析了林—浆—纸广义绿色供应链最优共生模式多层级运行机制，分别对核心层 Multi-Agent 系统运行机制、紧密层/协作层 Multi-Agent 系统运行机制、松散层 Multi-Agent 系统运行机制、协同层 Multi-Agent 系统运行机制、整体 Multi-Agent 系统运行机制等进行了详细分析。在对核心层可持续发展目标从经济效益、核心竞争力、生态效益三个方面进行分解后，主要从制浆造纸单元和营林单元角度系统分析目标体系，从而建立了核心层多维生产计划决策模型，通过查阅文献、制浆造纸的有关市场报告、咨询林业、制浆造纸产业等领域的相关管理人员、技术人员，查询"十三五"规划资源消耗和污染排放的有关规定和制浆造纸产业相关环境规制后，运用 Lingo 程序进行仿真运算，证明模型可行，结果正确，为林—浆—纸广义绿色供应链上核心层企业的生产计划决策提供依据。

7 应用研究：龙丰公司林—浆—纸广义绿色供应链共生模式研究

根据本书研究思路和研究内容，在如前所述第2章～第6章内容研究的基础上，本章主要以河南省龙丰公司为例来研究其林—浆—纸广义绿色供应链共生模式。本章主要内容大体安排如下：首先，对龙丰公司林—浆—纸广义绿色供应链的发展现状，包括龙丰公司发展概况、原料林基地建设现状、产业链发展现状以及林—浆—纸广义绿色供应链模式实施的初步成效等进行介绍，在此基础上，揭示龙丰公司林—浆—纸广义绿色供应链存在的问题；其次，对龙丰公司林—浆—纸广义绿色供应链的发展战略进行研究，包括战略目标、战略规划和战略保障等；然后，对龙丰公司林—浆—纸广义绿色供应链共生模式进行构建及运行机制研究，包括总体共生模式、总体共生模式的组织结构以及总体共生模式的运行机制等；最后，针对龙丰公司林—浆—纸广义绿色供应链共生模式存在的问题等，进一步提出龙丰公司林—浆—纸广义绿色供应链共生模式的实施路径与深化对策等。

7.1 龙丰公司林—浆—纸广义绿色供应链发展现状与存在的问题分析

7.1.1 龙丰公司发展概况

河南省濮阳龙丰纸业有限公司（以下简称：龙丰公司）是濮阳市农业产业化重点龙头企业。濮阳市位于中国河南省东北部，黄河下游，冀、鲁、豫三省交界处，东、南部与山东省济宁市、菏泽市隔河相望，东北部与山东省聊城市、泰安市毗邻，北部与河北省的邯郸市相连，以优美的环境、丰富的资源、独特的发展优势、良好的投资条件而出名。龙丰公司位于国家级卫生城、国家级园林城、国际花园城、国家历史文化名城——"中华龙乡"河南省濮阳市高新技术开发区内。龙丰公司是由河南投资集团有限公司控股，濮阳市建设投资公司、濮阳市经济技术发展总公司参股，按照现代企业制度于2003年8月8日组建的有限责任公司。公司位于濮阳市胜利路西段，占地面积37.73 hm^2，注册资金66 040万元，员工900余人，总资产29亿元。龙丰公司林纸一体化项目属于新建项目，2003年5月国家发改委确定其为全国"十五"期间建成的十个林纸项目之一；2004年8月12日，项目经国家发改委批准立项，列入国家林纸一体化专项规划；2006年8月30日，项目正式获得国家发改委的核准，是河南省目前唯一经国家发改委批准建设的林纸一体化项目，也是河南省重点建设项目和造纸工业结构调整的标志性项目。项目总体规划为30万t/年化机浆、50万t/年高档印刷纸、6.67万 hm^2 造纸林基地。项目一期工程建设规模为10.8万t/年杨木化机浆、25万t/年轻量涂布纸和高档文化用纸，配套建设2.13万 hm^2 造纸林基地，总投资25亿元。公司生产的产品包括全木浆高档双胶纸、轻质高光铜版纸、静电复印纸、热敏原纸、铸涂原纸等多个纸种。依靠稳定的产量和优质的服务，公司产品除在国内享有一定声誉外，还远销大洋洲、中东、南美洲、非洲、东南亚等地区，客户涵盖伊朗、叙利亚、墨西哥、新西兰等40多个国家。

7.1.2 龙丰公司林—浆—纸广义绿色供应链发展现状

1. 原料林基地建设现状

濮阳属于平原地区，森林资源丰富，有88个国家林场，林地面积达40多万 hm^2，这是龙丰公司林纸一体化项目的现实基础，也是龙丰公司林—浆—纸广义绿色供应链的发展条件。龙丰公司以实现营林、环境、社会、经济等"多赢"效益为综合目标，坚持林—浆—纸一体化的绿色供应链运营模式，积极探索林业产业多元化经营渠道，并采取多元化经营路径，大力开展营林基地建设和原材料供应，旨在带动周边林农脱贫致富等。

制浆造纸企业是资源依赖型企业，企业的原材料充足对于企业的生产建设具有重要影响,正所谓"得资源者得天下",但同时制浆造纸企业也是资源约束型企业,倘若原材料供应不足,那么整体企业运作生产都将受到影响,因此,龙丰公司坚持林—浆—纸绿色供应链的发展方向,大力营造原料林,分别在 2004 年和 2006 年春季,共投入 1 000 万元建设了约 1.33 万 hm^2 速生丰产林基地,旨在培育造纸杨树来增加原材料的供应,确保原材料充足。具体建设项目有:(1)与濮阳市建设投资公司、濮阳市林业局、各县(区)人民政府、各县(区)林业局签订合同并在濮阳市境内完成了 0.67 万 hm^2 造纸原料林基地;(2)与濮阳市金利营林有限公司(隶属市林业局)、各县(区)营林有限公司签订合同并在濮阳市境内完成了 0.67 万 hm^2 造纸原料林基地;(3)在濮阳白条河农场承包土地建设了 46.67 hm^2 自有原料林。

2. 产业链发展现状

"十五""十一五"期间,龙丰公司坚持以高新技术改造提升传统造纸产业,投资引进安德利兹 PRC-APMC 设备,建设漂白化机浆工程,年产 10.8 万 t,投资约 3.75 亿元,建成了 APMP 制浆生产线(Alkaline Peroxide Mechanical Pulp),并正式投产,如图 7-1 所示。该化机浆工程的生产技术和产品质量均达到国际先进水平,生产废水全部达标排放。除了核心产业,即制浆造纸和原料林基地建设外,龙丰公司的发展直接带动了当地林业、化工、热力、电能等相关行业的发展。但公司除了濮阳龙丰电厂外,并没有拓展其他产业链,没有将化工、热力等产业分层纳入绿色供应链系统中,而是分别以不同方式与这些产业如化工、印刷、热电、物流、商贸服务等建立关联,发挥产业集群效益对于龙丰公司的发展具有极大的推力作用。

图 7-1 APMP 制浆生产线及其控制室
Fig. 7-1 APMP production line and control room

3. 林—浆—纸广义绿色供应链模式实施的成效

(1) 原料林建设

自2007年起,龙丰公司每年向内黄林场(图7-2)投入资金200万元,并将连续投入七年,与内黄林场合作定向培育400 hm² 造纸原料林。目前龙丰公司已与四家国有林场订立合作协议,包括白条河林场和内黄林场,面积共有1.33万 hm²,实际控制0.8万 hm² 原料林。今后公司还将继续加大营林建设力度,使公司合同原料林达到6.67万 hm²,为其正常生产经营提供充足的原料供应。

图7-2 龙丰公司的原料林基地
Fig. 7-2 The raw material forest base of Longfeng company

(2) 增进社会效益

龙丰公司通过工艺创新,100%利用枝丫材木片代替新鲜原木进行生产化机浆,在2008年12月荣获河南省科技进步二等奖。2010年,龙丰公司因质量管理体系健全、质量管理水平和自主创新能力在国内同行业处于领先地位,为濮阳市经济发展做出突出贡献并取得良好社会效益,获得濮阳市市长质量奖,从2007—2016年连续10年成为河南省造纸工业十强企业,是2016—2018年河南省林业产业化省重点龙头企业。龙丰公司在扩大了原料来源的同时,降低了成本,带动了就业,增加了农民收入。如木片加工运输户由2005年的240多户增加到2016年的500多户,带动就业人员由2005年的4 000余人增加到2016年的近6 000人,仅此一项每年增加农民收入近1.8亿元,龙头带动作用进一步增强。龙丰公司林—浆—纸广义绿色供应链实现了经济、社会、生态效益的有机统一,促进了农业和农村经济的发展,为加快新农村建设做出了突出贡献。

(3) 促进技术进步

在积极延长林业产业链的同时,龙丰公司不断增加研发投入,提高生产工艺,按照"一流起步,起步一流"的指导思想,造纸项目主体设备引进芬兰美卓公司先进的立式网 Opti 优化概念(Opti-Concept)纸机,设计车速为 1 800 m/min、抄宽 7.2 m。其控制系统采用基于程序化逻辑控制(PLC,Programmable Logic Controller)的质量控制系统(QCS,Quality Control System)、集散控制系统(DCS,Distributed Control System)、视窗智能系统(WIS,Windows Intelligent System)及纸机运行检测系统(POD,Paper Machine Operation Detection System)(图 7-3)。同时配套引进 ABB 公司主传动系统,复卷机从芬兰阔特若公司引进,设计车速为 2 500 m/min,切纸机设备则从中国台湾五胜公司引进。此外,纸产品的卷取、裁切、包装、传送等也实现了自动化(图 7-4)。这条生产线,几乎囊括了当今世界上造纸装置所有的先进技术,其装备水平及自动化程度均达到国际一流先进水平,也是河南省第一台大型、高速现代化纸机,为全省造纸工业的结构调整、产业升级起到了示范带动作用。同时,化机浆产量不断提高,连续刷新化机浆开机以来的历史记录。

(4) 经济效益突显

纸机工程 2007 年 7 月 29 日开工建设,投资 20.88 亿元,2008 年 12 月 28 日提前两个月投料试车,并于 12 月 30 日一次投料试车成功。经过三个多月的试生产,装置运行趋于稳定,产品质量稳步提高,纸机工程已具

图 7-3 Opti 纸机生产线及其控制室

Fig. 7-3 The control rooms and the production lines of Opti machine

图 7-4 自动化包装设备
Fig. 7-4 The automatic packaging equipment

备竣工投产条件。纸机工程生产规模为年产 25 万 t 轻量涂布纸及高档文化用纸，纸机工程的顺利投产，标志着龙丰公司林—浆—纸一体化项目一期工程圆满完成，也标志着龙丰公司步入了一个崭新的发展阶段。通过林—浆—纸广义绿色供应链的建设，公司在获得质量管理体系认证、环境管理体系认证、职业健康安全体系认证（三体系认证）的基础上，又通过了 FSC（Forest Stewardship Council）森林管理委员会认证、PEFC（Programme for the Endorsement of Forest Certification）泛欧森林体系认证和 QS（Quality Standard）食品包装纸认证，提高了企业国际行销竞争力。成品纸一等品入库率不断提高并稳定在 98% 以上，纸机综合运行效率稳定在 93% 以上。

(5) 生态效益良好

造纸工业是一个与生态环境密切相关的资源密集型产业。龙丰公司坚定绿色环保的发展理念，坚持以世界最新的科技打造环保纸业，生产环保产品。纸机工程投入运行后所排放的废水、废气、噪声等污染物和原料林基地的建设均符合国家有关标准，龙丰公司一期纸机工程和原料林基地工程通过环保竣工验收。不仅如此，污水处理系统共投入 1.1 亿元已分期建成，厌氧系统采用荷兰农业大学专利技术，保证废水全部达标排放，制浆造纸产生的一些废水、污泥、固体垃圾被作为养料投入林地中去，实现内循环。

龙丰公司林—浆—纸广义绿色供应链的建设带动了濮阳市植树造林。濮阳市先后大力实施西部治沙造林工程、黄河故道防护林工程等一系列重大工程，使濮阳的杨树种植面积从 2002 年的 1.33 万 hm^2 扩大到 2016 年的 9 万多 hm^2。龙丰公司 9 万 hm^2 林基地的建设大幅度提高了濮阳市的森林植被覆盖率，增强了濮阳市抗御自然灾害的能力，对促进濮阳市特别是黄河中下游地区生态系统的良性循环具有十分重要的意义。首先改善了空气质量；其次可以保持水土、涵养水源、防风固沙。另外，树木的枯枝落叶可以转化为有机物，对改变沙土结构、提高土壤质量、促进植被生长、调节气候均具有不可替代的作用。龙丰公司投资建设污泥干化项目、污泥综合处置项目，实现了污泥减量化、资源化，减少污泥存放二次污染。

通过龙丰公司林—浆—纸广义绿色供应链的实施，实现了企业生产规模化、原料基地化、设备技术现代化、生产过程清洁化、经营效益化，提高公司的竞争实力，同时拉动濮阳市经济的持续、稳定、快速发展，增加就业机会，提高居民收入。龙丰公司林—浆—纸广义绿色供应链在政府的支持下利用市场把土地、营林、制浆、造纸的四大生产要素有机地结合起来，加快了造纸企业木浆原料林基地建设，形成"以纸养林、以林促纸、林纸结合、协同发展"的模式。龙丰公司林—浆—纸广义绿色供应链为我国造纸业走上一条林—浆—纸林业绿色共生、持续、绿色发展之路提供了成功的经验，促进了我国造纸工业的整体发展。

7.1.3 龙丰公司林—浆—纸广义绿色供应链存在的问题分析

经过实地调研和文献分析，目前龙丰公司林纸一体化存在以下问题，亟待解决。

1. 营林基地较难落实，原料供应不持续

（1）造林基地规划建设还不到位、健全。截至目前，全国尚未有一个具备科学指导性的纸浆原料基地的规划，就河南省也未有一个科学合理的规划。作为河南省唯一一家经国家发改委批准的林纸一体化的项目，龙丰公司虽有规划但不到位。

（2）宜林土地供应不足。河南濮阳市土地面积为 4 188 km^2，其中耕地占 64.3%。土地开垦率较高，为 77.5%，但人均土地占有量少，后备力量不足。河南濮阳绝大部分土地已开辟为农田，除生产建设和生活用地外，宜农而尚未开垦的荒地已寥寥无几。濮阳市的土壤有潮土、风沙土和碱土三种类型，其中潮土是农业生产的理想土壤，占全市土地面积的97.2%；因养分含量少，理化性状差，漏水漏肥，不利耕作，但适宜植树造林的风沙土只占全市土地总面积的2.6%，主要分布在西北部黄河故道。

2. 企业生产成本居高不下

营造人工用材林，既要有生态效益，也要重视适当的经济利益，这样才能调动营造人工用材林的积极性，不管是自营原料林基地，还是外部购入原材料，原料生产成本在龙丰公司居高不下。

3. 供应链伙伴之间的生产合作积极性不高

目前龙丰公司和林农大多是松散的买卖关系，在市场行情好时，农民植树积极性很高；而在市场行情不好时，农民积极性下降，砍树种粮，这必然会影响公司原料来源的稳定性。

4. 林—浆—纸产业链条短，集约化低

林纸一体化企业很难依靠单一模式来抵御外界风险，因此，大部分林纸一体化企业都想方设法来拓宽产业范围和延伸产业链条等，建设林—浆—纸广义绿色供应链是龙丰公司重点发展的一个方向，这个方向前景甚好，潜力十足。

7.2 龙丰公司林—浆—纸广义绿色供应链的发展战略研究

7.2.1 林—浆—纸广义绿色供应链建设的战略目标

1. 龙丰公司林—浆—纸广义绿色供应链可持续发展战略目标定位的基本原则

龙丰公司应以科学发展观统领全局，调整产业结构，实现绿色环保，打造和谐企业，实施林—浆—纸广义绿色供应链可持续发展战略，实施从选种、育苗等一条龙经营模式和资产一体化全过程管理，发展绿色高效生态纸业，旨在把龙丰公司打造成高效率、超环保、勇创新的现代化制浆造纸企业。因此，龙丰公司林—浆—纸广义绿色供应链可持续发展战略目标的定位应把握以下原则：（1）以科学发展观为总体指导思想；（2）按照循环经济原则管理供应链，实现高产、低耗、高效、持续发展；（3）经济效益、社会效益、生态效益兼顾；（4）提升公司核心市场竞争力；（5）以人为本，让企业员工与企业共成长；（6）实施现代化企业管理制度；（7）对市场进行改革创新；（8）促进公司跨越式和可持续发展。

2. 龙丰公司林—浆—纸广义绿色供应链可持续发展战略的总体目标

依据前面的分析与研究，以及对龙丰公司发展状况的分析，龙丰公司林—浆—纸广义绿色供应链可持续发展战略的总体目标是：按照"立足河南、面向全国、走向世界"的发展战略，奉行"质量第一，信誉第一"的宗旨，坚持高效优质生产，在做强传统优势产业的基础上，重点使林—浆—纸广义绿色供应链向高品质、规模化、系列化、品牌化方向发展，做强杨木化机浆，做大高档印刷纸。根据绿色供应链管理思想，将林纸一体化项目涉及的各要素整合，着眼于产业耦合共生，促进第一、第二、第三相关产业发展。通过林—浆—纸广义绿色供应链的实施将龙丰公司建设成产业结构合理、资金优良、核心竞争力强、具备可持续发展并在河南乃至全国绿色生态纸业生产中有较大影响力的国际一流的现代化企业。

7.2.2 林—浆—纸广义绿色供应链建设的战略规划

林—浆—纸广义绿色供应链的成功实施将极大地提高龙丰公司的市场竞争力，这样可使龙丰公司在技术水平、产品质量和经济效益上均上一个新台阶，同时对促进河南乃至全国浆纸行业的结构调整也将起到积极的作用。以科学的规划推进龙丰公司持续发展，实现经济、社会、生态效益的协调统一。

1. 经济可持续发展

龙丰公司林纸一体化项目是河南省政府确立的重点项目，是河南省造纸工业结构调整的标志性项目。项目总规划为 30 万 t/年杨木化机浆、50 万 t/年高档印刷纸、6.67 万 hm^2 造纸林基地。一期工程投资 20.88 亿元，建设年产 25 万 t 高档文化用纸的生产线。全面投产后，经测算，年均销售收入为 18.36 亿元，利税总额为 2.27 亿元，所得税收后财务内部收益率为 10.58%，全部投资回收期为 9.31 年（含建设期），盈亏平衡点为

60.47%。二期项目初步方案总体设计规模为30万t浆、70万t纸,配套3万多hm²造纸林基地,预计总投资32亿元,弥补了河南高档木浆造纸的空白,延伸了产品链条,增加了产品附加值,增强了企业核心竞争力,也掀开了河南造纸工业发展史上的新篇章,大大增加了地方财政实力,进一步巩固了造纸产业在濮阳的支柱地位。龙丰公司应努力打造自有品牌,延伸公司高端产品线的广度与强度,使其自有高端品牌产品成为重要的利润增长点。此外,河南省作为历史上曾经的造纸大省,造纸工业在经济发展中具有重要地位,龙丰公司林—浆—纸广义绿色供应链的发展有力拉动了濮阳当地林业、电力、化工、物流等行业的发展,并催生新的服务行业,从而实现当地经济的跨越式发展,取得了较好的经济效益。

2. 社会可持续发展

龙丰公司林—浆—纸广义绿色供应链不仅有良好的经济效益,而且有巨大的社会效益。

(1) 带动濮阳市植树造林。濮阳市先后大力实施西部治沙造林工程、黄河故道防护林工程等一系列重大工程,使濮阳市的杨树种植面积从2002年的1.33万hm²扩大到2008年的9万多hm²,活立木蓄积量近500万m³,被授予"全国植树造林十佳城市""全国绿化先进集体"。林木资源的增加除了为龙丰公司提供木浆原料外,还可吸收二氧化碳,大大增加碳汇,并可提供生物燃料,降低碳源。

(2) 提升周边农民收入。当地传统种植模式为小麦加玉米,不计劳动力成本,每年每公顷纯收入约33~40元。种植杨树按六年采伐出材9 m³计算,第一年基本上不影响庄稼收购,第二年仍有一半以上的收成,按目前市场木材价格800元/m³计算,六年木材收入为7 200元,农作物收成为800元,枝丫材收入为300元,合计8 300元,每年每公顷收入92元。如果按1 m×2 m×10 m的宽窄行种植模式,则可种植年限更长,农民收益将会更多,这对促进农民脱贫致富奔小康具有较强的现实意义。

(3) 促进当地林业与林产品加工业的良性循环。龙丰公司化机浆装置全部使用枝丫材原料,年需求量约20万t,消耗枝丫材约30万t,提高了木材林的资源利用率,公司装置投产以来,枝丫材价格由2007年初的0.55元/kg上涨到2017年的0.95元/kg,仅此一项农民每年可增加收入12 000万元。据统计,濮阳市及周边密度板厂约为10余家,年需求杂木片60万t,农民每年因此可增加收入14 400万元。林业三剩物价格大幅度上升，大幅度增加了农民收益。

（4）带动当地的劳动就业。目前，龙丰公司使用枝丫材加工的木片作为生产原料。按照一个小型木片加工设备平均年生产50万t木片测算，需要收购1人、扒皮10人、上料3人、运输1人、销售1人等最佳配置约16人，260台加工设备可解决就业人员4 160人。

（5）促进相关产业的持续发展。漂白化机浆工程投产后，一年大约需要4亿千瓦时的用电量，蒸汽62万t，双氧水、烧碱及其他化工原料6万t，直接带动了濮阳市及周边地区化工及热力、电能的发展。

（6）带动当地物流业发展。据统计，龙丰公司木片运输车辆平均运输质量为10 t，公司每年生产20万t木片量，年需运输车辆2万车次，按每车运费900元计算，每年增加运费收入1 800万元。公司每年外运湿浆量32万t，平均运输质量为32 t，年需运输车辆1万车次，每吨湿浆平均运费为78元，每年可为当地运输业者增加运费收入2 496万元。

3. 生态可持续发展

龙丰公司在生产实践中大胆创新，改革工艺技术，利用100%杨树枝丫材替代杨木原木，该工艺居于国际同行业领先水平，不仅提高了原料利用率，还扩大了原料资源，降低了生产成本。严格执行国家关于造纸工业的水污染物排放标准，主要污染物的排放不超标。从技术和管理上消除发生污染环境的可能性。林基地的生态作用除了在涵养水源方面给予生态农业以巨大贡献外，还在防治污染方面起着重要作用，比如净化空气，同时也应注意林地树种与当地土地、气候等条件的适应性，以保持林地的生物多样性。国家节能减排和环保调控政策要求龙丰公司将纸浆生产向规模化、集约化经营发展，集中资金投入和利用现代高科技对污染进行有效治理和管理，确保资源永续利用和企业永续发展。

4. 林基地持续发展

历史经验告诉我们，造纸企业之间的竞争，从根本上讲是原料的竞争，谁赢得了原料，谁就在竞争中立于不败之地。龙丰公司林—浆—纸广义绿色供应链不仅要经营一体化，更要实现资本一体化，林和纸是同一的投资主体，以"三高"（高投入、高产出、高集约）、"三化"（企业化、市场化、商品化）的模式建设林基地。

7.2.3 林—浆—纸广义绿色供应链建设的战略保障

1. 政府政策

林业具有周期长、投入大、风险高、市场竞争能力弱等特点，为促进林纸一体化企业项目的实施，调动银行贷款的积极性，国家在财政、金融等方面施行了众多优惠政策等，旨在进一步扩大龙丰公司造林的规模，特别是在建设高集约经营和高投入工业林基地时，以贴息和资金注入等方式支持林—浆—纸广义绿色供应链的建设，扩大招商引资幅度，发挥企业的主体作用，引导社会民间资本向原料林基地转移。此外，还向国家或者林业部门安排贷款用于原料林建设，确保对龙丰公司最大的资金支持力度。龙丰公司林—浆—纸广义绿色供应链项目一期年需木材 35 万 m^3，需配套建设 1.53 万 hm^2 造纸林基地。几年来，濮阳市各级政府连续投放财政专项资金，扶持速生丰产林发展，林木资源总量大幅度提高；龙丰公司积极开展原料林基地建设工作，现已拥有自有林地 0.67 万 hm^2，还在濮阳五县二区拥有 1 万多 hm^2 的合同原料林，与内黄、民权、白条河农场合作建设自营林 0.78 万 hm^2，所有这些均为龙丰公司正常生产运营提供了充足的原料保障。随着项目的进展，要满足不断增长的木材需求，地方政府应增强对林业产业发展的政策、资金支持，将辖区内的国有林场通过资产置换或作为资本金投入由集团公司集约经营，通过专业化的管理提高木材产出率，满足龙丰公司的原料需求。

2. 积极扶持龙头企业

林—浆—纸广义绿色供应链属于大产业循环，政府对供应链中龙头企业的支持是重点和关键所在。要依托现有技术较先进、管理水平较高、经济效益较好的投资集团公司促进龙丰公司和配套的造纸原料林基地建设的协调发展。同时，为发挥规模效应，政府应鼓励龙丰公司在具备资源的条件下新上大型制浆、造纸项目，并从立项、投资、信贷等众多方面给予积极支持。政府应出台相关政策鼓励造林，给农民苗木、植树补贴，带动当地原料林基地的建设。林—浆—纸广义绿色供应链要发展规模经济，规模经济发展得好坏直接影响着制浆造纸企业的经济实力。若规模过大，交易成本也会过大，不利于企业的经营运作；若规模过小，尚未形成规模效益，也会对企业的经济发展不利，所以规模要适度。

7.3 龙丰公司林—浆—纸广义绿色供应链共生模式构建及运行机制研究

7.3.1 林—浆—纸广义绿色供应链共生模式的选择

1. 龙丰公司林—浆—纸广义绿色供应链共生模式的类型

由对林—浆—纸广义绿色供应链共生运行模式的分析，从不同的角度可将其划分成不同的类型，结合龙丰公司的实际状况，林—浆—纸广义绿色供应链协调共生发展的可选模式主要有单一双低型共生模式、媒介偏废型共生模式、利益偏废型共生模式和多元两高型共生模式。

（1）单一双低型共生模式。龙丰公司不拥有林地，林地属于一体化林纸集团中的营林公司，龙丰公司与营林公司属于一家林纸集团公司，分别为它的两个相互关联的下属子公司。龙丰公司与林农等林—浆—纸绿色供应链共生单元间基于自身发展现状和利益最大化的追求，由于共生体形成的随机性、共生过程的短期性、能量交换的一次性以及共生对象的非专一性等特点（钱书法等，2006；Leigh et al，2015），表现为偶然性的共生关系。

（2）媒介偏废型共生模式。龙丰公司与林农共生关系比较松散，但通过定期互访和交流，在间歇式的相互作用中，共生单元都会获得以收益提高为内涵的进化提升，并且主要表现为龙丰公司的发展带动林农的发展。

（3）利益偏废型共生模式。这种模式主要是通过节点企业间的沟通交流来进行共生，龙丰公司通过与供应链上的节点企业间的强化合作与交流达成深度协议，交易原材料，但是在运作过程中，可能会损害有些节点企业间的利益，因此，这种纯粹为了交易而促成的共生模式，可能损害了某些节点企业间的利益，在一定程度上并不是可持续的发展模式，任何一个可持续的发展模式必然要以经济利润最大化为目标。

（4）多元两高型共生模式。龙丰公司与林农形成互利共存、优势互补的利益共同体，通过契约、股权、政策媒介建成绿色供应链联盟。龙丰公司与林农等共生单元间都可以从合作中获得益处，龙丰公司应参与到林农定向培育、合理作业等活动中，一旦林地成材，林农可以基本保证原料供应的稳定性和连续性，这种长期持续和可靠的相互关系有助于进一步强化相互之间的共生关系。

2. 龙丰公司林—浆—纸广义绿色供应链共生模式的确定

层次分析法作为一种定性和定量相结合的、系统化、层次化的分析方法，在处理复杂的决策问题上具有一定的实用性和有效性，因而在经济计划和管理、能源政策和分配、行为科学、军事、运输、农业、教育、人才、医疗和环境等领域的应用已非常普遍。在研究过程中邀请了20位专家，按照德尔斐法，对每一层次各项指标的相互重要程度给出判断，构造出判断矩阵。在判断矩阵中，每一层次所含各因素均可用上一层次的一个因素作为比较准则来相互比较。为方便起见，往往采用两两比较的形式进行。

当以上一层次的某因素作为比较准则时，可用一个比较标准a_{ij}来表述对某一层次中第i个元素与第j个元素的相对重要性（或偏好优劣）的认识。a_{ij}的取值一般取正整数1～9及其倒数。这样的a_{ij}构成的矩阵称为比较判断矩阵$\mathbf{A}=(a_{ij})$。有关a_{ij}取值的规则如下：

$$a_{ij} = \begin{cases} 1, \text{以上一层次的某因素为准则，本层次因素}i\text{与因素}j\text{相比，} \\ \quad \text{具有同样重要性} \\ 3, \text{以上一层次的某因素为准则，本层次因素}i\text{与因素}j\text{相比，} \\ \quad i\text{比}j\text{稍微重要} \\ 5, \text{以上一层次的某因素为准则，本层次因素}i\text{与因素}j\text{相比，} \\ \quad i\text{比}j\text{明显重要} \\ 7, \text{以上一层次的某因素为准则，本层次因素}i\text{与因素}j\text{相比，} \\ \quad i\text{比}j\text{强烈重要} \\ 9, \text{以上一层次的某因素为准则，本层次因素}i\text{与因素}j\text{相比，} \\ \quad i\text{比}j\text{极端重要} \end{cases}$$

a_{ij}可取2，4，6，8及其倒数，若因素i与因素j比较得a_{ij}，则因素j与因素i比较得$a_{ji}=1/a_{ij}$。当相互比较的因素重要性可用具有实际意义的比值来说明时，根据判断尺度可建立如下判断矩阵（见表7-1～表7-4）。

表 7-1 龙丰公司林—浆—纸广义绿色供应链共生效益综合判断矩阵 P

Tab. 7-1 The comprehensive judgment matrix P for the symbiosis performance of broad green supply chain for forestry-pulp-paper in Longfeng company

指标	U_1	U_2	U_3
U_1	1	1/2	1/5
U_2	2	1	1/3
U_3	5	3	1

表 7-2 资源效益判断矩阵 P_1

Tab. 7-2 The judgment matrix P_1 of the resource performance

指标	U_{11}	U_{12}	U_{13}	U_{14}	U_{15}	U_{16}
U_{11}	1	9	9	7	3	5
U_{12}	1/9	1	1	1/3	1/7	1/5
U_{13}	1/9	1	1	1/3	1/7	1/5
U_{14}	1/7	3	3	1	1/5	1/3
U_{15}	1/3	7	7	5	1	3
U_{16}	1/5	5	5	3	1/3	1

表 7-3 价值效益判断矩阵 P_2

Tab. 7-3 The judgment matrix P_2 of the value performance

指标	U_{21}	U_{22}	U_{23}	U_{24}	U_{25}	U_{26}	U_{27}
U_{21}	1	1/5	1/5	1/7	1/3	1/5	1/3
U_{22}	5	1	1	1/3	3	1	3
U_{23}	5	1	1	1/3	3	1	3
U_{24}	7	3	3	1	5	3	5
U_{25}	3	1/3	1/3	1/5	1	1/3	1
U_{26}	5	1	1	1/3	3	1	3
U_{27}	3	1/3	1/3	1/5	1	1/3	1

表 7-4 生态效益判断矩阵 P_3

Tab. 7-4 The judgment matrix P_3 of the ecology performance

指标	U_{31}	U_{32}	U_{33}	U_{34}	U_{35}
U_{31}	1	3	7	5	1

指标	U_{31}	U_{32}	U_{33}	U_{34}	U_{35}
U_{32}	1/3	1	5	3	1/3
U_{33}	1/7	1/5	1	1/3	1/7
U_{34}	1/5	1/3	3	1	1/5
U_{35}	1	3	7	5	1

3. 一致性检验

为检验判断矩阵的一致性，根据AHP操作原理，可利用λ_{max}与n之差来检验一致性，公式为：

$$CI = \frac{\lambda_{max} - n}{n - 1} \tag{7-1}$$

$$CR = \frac{CI}{RI} \tag{7-2}$$

式中，λ_{max}表示判断矩阵$\boldsymbol{P}$的最大特征值；CI表示判断矩阵$\boldsymbol{P}$的一致性指标；CR表示判断矩阵$\boldsymbol{P}$的随机一致性比率检验数；RI表示平均随机一致性指标。

当判断矩阵$\boldsymbol{P}$一致时，$CI=0$；判断矩阵$\boldsymbol{P}$不一致时，一般有$\lambda_{max}>n$，因此$CI>0$。故一般情况下，当$CR<0.10$时，判断矩阵具有一致性，据此而计算的结果是可以接受的；若不满足$CR<0.10$，则判断矩阵与一致性要求不一致，需要专家重新进行判断打分并建立判断矩阵，直至通过一致性检验为止。

本书采用Matlab软件计算其最大特征根，根据计算结果得出上述判断矩阵$\boldsymbol{P}$、$\boldsymbol{P}_1$、$\boldsymbol{P}_2$、$\boldsymbol{P}_3$的最大特征根分别为：

$\boldsymbol{P}$：$\lambda_{max}=3.0037$

$\boldsymbol{P}_1$：$\lambda_{max}=6.2777$

$\boldsymbol{P}_2$：$\lambda_{max}=7.1468$

$\boldsymbol{P}_3$：$\lambda_{max}=5.1361$

对上述矩阵进行一致性检验，得出如下结果：

$\boldsymbol{P}$：$CR=0.003<0.1$

$\boldsymbol{P}_1$：$CR=0.045<0.1$

$\boldsymbol{P}_2$：$CR=0.018<0.1$

$\boldsymbol{P}_3$：$CR=0.04<0.1$

由此可见，上述判断矩阵都符合一致性要求。

4. 确定各要素的相对重要度

对于每一个比较判断矩阵 P，可对应一个特征方程：

$$P_w = \lambda \times W \qquad (7-3)$$

计算判断矩阵的特征向量 W，然后进行归一化处理即得到各要素的相对重要度（权重）：

$$W_i = \frac{\left(\prod_{j=1}^{n} a_{ij}\right)^{\frac{1}{n}}}{\sum_{i=1}^{n}\left(\prod_{j=1}^{n} a_{ij}\right)^{\frac{1}{n}}} \quad i,j = 1,2,3,\cdots,n \qquad (7-4)$$

由一致性检验可以确定判断矩阵中的取值，由式（7-4）可以计算判断矩阵 A 的权重。计算结果如下：

P：$W_{11}=0.12$；$W_{12}=0.23$；$W_{13}=0.65$
P_1：$W_{21}=0.47$；$W_{22}=0.03$；$W_{23}=0.03$；
$W_{24}=0.07$；$W_{25}=0.26$；$W_{26}=0.14$
P_2：$W_{31}=0.03$；$W_{32}=0.16$；$W_{33}=0.16$；$W_{34}=0.36$；
$W_{35}=0.06$；$W_{36}=0.16$；$W_{37}=0.06$
P_3：$W_{41}=0.36$；$W_{42}=0.16$；$W_{43}=0.04$；$W_{44}=0.08$；$W_{45}=0.36$

5. 龙丰公司林—浆—纸广义绿色供应链共生模式的判断

由于龙丰公司林—浆—纸广义绿色供应链共生模式存在多种选择，能促进龙丰公司可持续发展的模式选择同样依赖于专家的判断，评定标准如表 7-5 所示。

表 7-5 定性等级对应的评价数值区间

Tab. 7-5 The evaluation value interval corresponding to the qualitative level

定性评定等级	数值区间
极差	0～59
一般	60～70
中等	71～80
较好	81～90
极好	91～100

据此，通过专家调查可以综合得出龙丰公司林—浆—纸广义绿色供应

链不同共生模式的具体分值（表7-6）。

表7-6 各共生模式的分值
Tab. 7-6 The core value of each symbiosis mode

共生模式	得分
单一双低型共生模式	81.3
媒介偏废型共生模式	78.7
利益偏废型共生模式	80.4
多元两高型共生模式	90.5

在几种不同的林—浆—纸广义绿色供应链共生模式中，媒介偏废型共生模式相比于单一双低型共生模式，因林农的"订单式"原料供应，在抗风险能力、自有资金投入及组织结构的合理性等方面有明显的提升，但林农的个体生产在林木资源生态环境效益的考虑上明显存在不足。在单一双低型共生模式下，龙丰公司对林农没有控制权和支配权，龙丰公司原材料的稳定性将得不到保障。前三种模式对于龙丰公司而言，虽然在不同指标上的体现不一样，但总体判断结果相近，适合龙丰公司可持续发展目标的是多元两高型共生模式。在政府主导下改制国有林场，与龙丰公司共属一个集团公司，有利于龙丰公司林纸一体化项目的实施，也能最大限度地促进周边地区经济的发展。

7.3.2 林—浆—纸广义绿色供应链共生模式的Multi-Agent结构设计

1. 龙丰公司林—浆—纸广义绿色供应链共生模式的网络结构设计

龙丰公司林—浆—纸广义绿色供应链运行模式的网络结构如图7-5所示。龙丰公司与林基地建设主体的营林公司都隶属于河南投资集团公司，真正从体制上和运行机制上实现林纸结合。在这一绿色供应链中，营林业是"第一车间"，包括同属集团公司的营林公司和林农自有林地。营林公司为龙丰公司提供木材原料，但是作为独立核算、自负盈亏的运营实体，在经济利益的驱动下，将大径材提供给非核心企业的木材加工公司如人造板和家具企业等，而小径材、枝丫材及木材加工公司的加工剩余物则会提供给龙丰公司，这样提高了木材资源的利用率和整个集团公司的经济效益。龙丰公司的纸浆产品进入下一个业务流程，即造纸部门，也会有部分纸浆产品提供给集团外的造纸公司。另外，还会有一些集团外的优质纸浆包括进口纸浆作为原料进入造纸车间。最后，纸和纸浆由营销公司通过物流公司提供给客户和消费者。

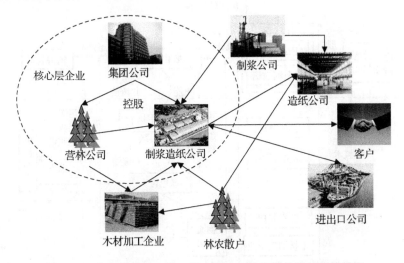

图7-5 龙丰公司林—浆—纸广义绿色供应链的网络结构模型

Fig. 7-5 The network structure model of broad green supply chain for forestry-pulp-paper in Longfeng company

2. 龙丰公司林—浆—纸广义绿色供应链共生模式的层次结构设计

林—浆—纸广义绿色供应链运行模式的建设并不是简单地将一些相关企业组合在一起，由于林业制浆造纸企业的特殊性，就核心企业而言，它与供应链上的节点企业间的紧密程度是不同的。因此，龙丰公司林—浆—纸广义绿色供应链运行模式的设计还需要从层次关系的角度作进一步分析。龙丰公司林—浆—纸广义绿色供应链运行模式的层次结构包含核心层、紧密层、协作层等级别（图7-6）。

（1）核心层。核心层企业是林—浆—纸广义绿色供应链中的"关键企业"，在林—浆—纸广义绿色供应链共生模式中，是指传输物质最多、能量流动最大并带动和牵制着其他企业发展的居于中心地位的企业，对于构筑企业共生体，对绿色供应链的持续稳定运行起着关键作用。林—浆—纸广义绿色供应链共生体核心企业的确定应与其发展目标一致，经过5~6年的建设工作，实现规模经济，形成在国内外有知名度的品牌，为绿色供应链的进一步发展奠定基础，同时带动区域经济的发展。本着这一目标，结

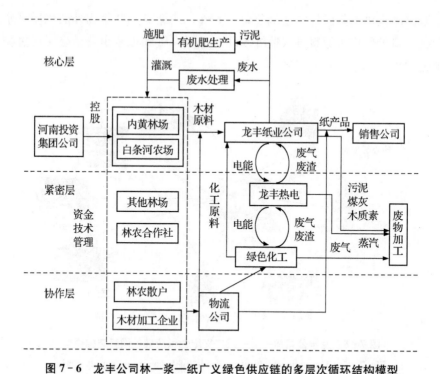

图 7-6 龙丰公司林—浆—纸广义绿色供应链的多层次循环结构模型

Fig. 7-6 The Multi-level cyclic structure model of broad green supply chain for forestry-pulp-paper in Longfeng company

合当地的背景和基础条件，该共生体将以龙丰公司为主导企业。当然，核心企业应拥有较强的竞争力，在行业中处于领先地位，才能利用其威望影响供应商和消费者，通过其投入和产出使上下游企业完善能量和物质循环链，实现能量和物质在不同层次企业间的交换，达到循环经济要求。

（2）紧密层。紧密层由集团公司营林部、内黄农场、民权农场、白条河农场、纸浆进出口公司等构成。集团公司的营林部负责造林，从林基地的效益最大化角度出发，根据不同的土地性质，决定造林密度。从苗木、防控、苗区管理、生长期管理到采伐管理等都实现专业化管理，加大投入，加强管理，从而提高林基地的生态效益、经济效益。农场作为龙丰公司制浆造纸原料的主要提供者，原料供应的"蓄水池"，虽隶属于集团公司，但作为一个独立的法人，自主经营，自负盈亏，需运用现代化企业理论和制度规范和建设林场。从造林计划、育苗、防虫治病、管护到采伐，都有长、中、短期计划，通过结合薪酬奖励的年中和年终两次考核来实行林场场长负责制，提高林场的经营效益。目前龙丰公司造纸用木浆由15%自供木浆加上85%进口木浆组成，即使自供木浆比例在逐步提高，但由于国内木材原料的特性，要生产铜版纸、复印纸等中高等纸品，进口木浆的比例不能低于50%。因此，稳定持续的纸浆进出口公司为龙丰公司主营业务的发展提高保障。

(3) 协作层。协作层由周边林农、物流公司、木材原料收购商、苗木公司和研发中心等构成。为实现资源的终极利用，将大径材送到木业加工企业进行板材加工，将小径材送到龙丰公司进行简单加工，剥皮，打成木片，如果很小的话，可以打成碎片，这样木业加工企业和龙丰公司就不会形成恶性竞争，在资源利用上形成互补关系，实现经济利益的最大化。

对于大多数制浆造纸企业而言，完全依靠自身投入大量资金建设速生林基地满足企业原料需求是不可能的。采取与林农合作，利益共享，以利益为纽带，发展林纸联合。由龙丰公司直接对林农下订单或签合同，企业可以扩大原料来源，减少交易成本，降低市场风险，同时可以保证农民获得稳定的收入。对于这种形式的联合，要完善有关法律法规，保护合同与契约双方的合法权益。同时，企业对林农要给予适度利润返还或其他形式的扶持，如集团研发中心为其提供适宜的树苗，在后期林木的管护中予以技术指导，以吸引更多的林农参与原料林建设。物流公司、木材原料收购商、分销商、零售商、咨询与服务公司、回收商等在林—浆—纸广义绿色供应链共生体建设中担当不同的角色，从运行模式上看应属于对称性互惠的点共生，具有企业间联系的随机性、偶然性和不确定性，共生过程具有短期性和不稳定性的特征。因此，龙丰公司应建立与这些企业间的信任关系，丰富和稳定共生体企业间的链接关系，减少不确定性带来的风险。

苗木公司主要为农场和林农提供种苗。由集团公司销售中心负责销售产品，并将市场需求信息及时反馈给龙丰公司，及时调整产品结构以迎合消费者的多层级需求。农场、林农或龙丰公司单独研发适宜树种都不现实，因此集团公司应建立林业研究中心，从上千个杨树品种中挑选几个适合的基因品种建立基因库，为农场、林农选择适宜其气候、土壤的树种。目前，黄河流域栽植的几乎都是107、108白杨，但淮河流域与土壤性质、降水量都有很大不同：往北，土地资源偏碱；往南，过了周马店，则偏酸，水资源丰富，湿度大。濮阳地区年降雨量在500~600 mm之间，到淮河地区，如信阳、南阳，年降雨量在1 000 mm以上。由于淮河流域、黄河流域的土地性质不一样，气候不一样，年降雨量不一样，因此研发中心需研发出适合淮河流域、黄河流域的苗木，对周边地区农民也是一种示范作用。

另外，在龙丰公司林—浆—纸广义绿色供应链中还应有以龙丰公司为主导的多层级林—浆—纸广义绿色供应链共生模式的协调单元，包括信息共享平台和供应链集成管理系统。采用先进的信息技术手段，开发可以覆盖共生系统所有企业或部门的信息资源共建、共享、共利的林—浆—纸广义绿色供应链共生系统的管理工作平台，配备必要的硬件网络环境，实现资源交易过程中各企业（或部门）之间的协调，实现信息资源的数字化建设和数据共享交换。

7.3.3　林—浆—纸广义绿色供应链共生模式的运行机制

按照系统论的观点，龙丰公司林—浆—纸广义绿色供应链共生系统是一个复杂的人造系统，包含许多管理子系统如林业子系统、制浆子系统和造纸子系统等，它们之间形成了一个相互关联的整体，从而实现整体效益。但在实际管理活动中，由于各子系统的相对独立性，各子系统经常从自身利益思考、开展工作，没有考虑或很少考虑与其他子系统之间的联系，使得本应相互联系的子系统之间缺乏有机联系，因此影响了系统整体功能的发挥。从系统的角度，设计龙丰公司林—浆—纸广义绿色供应链运行模式，完善其管理运行机制，能较好地发挥林—浆—纸广义绿色供应链共生系统的整体效益，促进各子系统协调、持续、稳定发展。

1. 以多元化发展为支撑，延伸产业链

龙丰公司的多元化发展应首选林业和木材机械加工业务，因为这两项业务是解决林—浆—纸广义绿色供应链共生企业内部木材原料供应问题的主要方式。通过多元化发展，使林—浆—纸广义绿色供应链共生联合体的核心层、紧密层、协作层、松散层的成员企业得到发展并壮大起来，综合竞争力得到很大提高，各层次企业协同发展，实现共赢。在多元化发展过程中，注意兼顾网络联结企业的业务分配与统筹，充分发挥集团公司的作用，充当协调、沟通、支持的角色，依靠其自身的凝聚力吸引越来越多的企业加盟，从而使林—浆—纸广义绿色供应链共生联合体外围的网络组织和虚拟组织得到同步发展，组织整体的规模效益和综合竞争力得到进一步提高，应对市场的灵活性和适应性得到强化。

2. 按循环经济原理建设林—浆—纸广义绿色供应链

龙丰公司要按照循环经济要求进行规划、设计、建设林—浆—纸广义绿色供应链，大力推行清洁生产，实践循环经济理念，保护环境，构建循环型、资源节约型、环境友好型企业，严格执行国家环保法律法规。公司在资金投入、人才培养、设备更新、技术创新等方面向节水、节能、低污染的方向发展，使得公司的生产工艺与装备、资源能源利用指标、污染物产生指标（末端处理前）、废物回收利用指标等都能达到国际先进水平。依靠科技创新，全面推进节能、节水、降耗、资源综合利用和清洁生产等方面的技术进步，不断优化产业及产品结构，建立物质循环、能源循环及废弃物资源化的生产体系，在节能降耗、清洁生产、污染物排放等指标达到或赶超国内同类型企业先进水平时，有效提高资源利用率，达到资源节约、综合利用的目的，实现较好的环境效益、生态效益、社会效益和经济效益，并对行业循环经济发展起到一定的示范带动作用。

3. 合理利用土地，因地制宜推进基地林的建设

自国家提出林纸一体化工程的规划以来，各地基地林的建设都在迅速发展，如何处理好造纸林基地与有限耕地的关系，是造纸林企业需要考虑的一个现实性问题。在土地资源有限的情况下，就应该鼓励开垦荒山、弃地、沼泽、滩涂等未被开发利用的土地，从而少占用或者尽量不占用耕地。对现有的土地资源要加以合理利用，大力调整树种结构，提高林地生产力，提高林地的市场能力。选育品质高、生长力强的经济林树种，因地制宜地推进原料林基地的建设。

龙丰公司林—浆—纸广义绿色供应链共生系统是一个复杂的系统组织，不仅受到外部环境的推动，还受到复杂系统运作机制、复杂系统共生机制、企业环境责任内在机制等内在动力的驱使。龙丰公司林—浆—纸广义绿色供应链共生系统内部不同企业、不同环节之间以及与外部环境之间存在复杂的物理关系、事理关系和情理关系，不仅包括各层次参与企业的信息结构和行动，而且各个企业内部的技术、经济信息结构也十分复杂。林—浆—纸广义绿色供应链共生系统一旦形成，并不是一成不变的，会随着环境的变化而变化，系统处于一种动态变化中，因此，顺应循环经济发展的要求建设共生系统内各层次企业或部门，才有可能实现林—浆—纸广义绿色供应链共生系统中资源链、价值链和生态链的相互促进和不断发展。

7.4 龙丰公司林—浆—纸广义绿色供应链共生模式实施路径与深化对策

7.4.1 林—浆—纸广义绿色供应链共生模式的实施路径

龙丰公司林—浆—纸广义绿色供应链在多元两高型共生模式中运转了近七年,以可持续发展为理念,因地制宜,以连续互利共生为基础,通过整个林—浆—纸广义绿色供应链的运作,在运作过程中不断调整相关措施,实现资源的初步综合开发利用与生态环境系统的良性循环。

1. 延长林业产业链条

龙丰公司应积极发挥农业产业化龙头作用,不断延长林业产业链条,促进农民营林的积极性和林下经济等相关产业的发展;采用杨木枝丫材作为生产原料,与农民建立稳定紧密的利益联结机制。

2. 林地集约经营

龙丰公司在造纸杨树速生丰产林基地建设中应参照国家林业工程项目管理办法,委托林业部门实行规范化管理。一是认真做好作业设计。各县(区)林业局积极组织技术人员进行外业调查,集中骨干力量探讨高效的工业原料林造林模式,科学配置造林树种,高质量地做好造林作业设计。二是明确造林补助标准。按照合同规定,按每公顷3.33元的标准给林农发放苗木补助,并在签订合同一周内拨付70%的资金,待验收合格后再付30%的资金。针对林改后,林业经营单位较小、经营主体分散、信息掌握较为滞后、抵抗自然风险能力和联结市场能力相对不足等问题,积极引导林农与公司合作,达到依托龙头企业化解分散经营风险的目的。

3. 科学造林

树种是造纸成本及纸品品质的主要影响因素(胡潇雨,2017),种苗的优劣是造林工程成败和效益高低的决定因素(胡晓丽等,2001)。龙丰公司通过与科研院所、大专院校合作的方式,根据不同地区的土壤、水利等条件为当地林农选择不同的种苗,并提供技术和防护支持,实行资源定向培育,产、学、研一体化推动纸材林基地的建设,实现共生单元的强强联合。"造纸先造林"已经成为龙丰公司的发展战略。

4. 以循环经济理念指导生产

APMP制浆工艺的资源消耗量低，原料利用率高，污染低。APMP制浆得率是麦草制浆工艺的两倍，污水排放量为麦草制浆工艺的13%，总能耗折标准煤后与其他机械制浆工艺相比降低12%。龙丰公司的污水处理系统引进芬兰帕克公司具有世界先进水平的专利技术——厌氧+好氧处理工艺及装置。在此基础上，公司又投资150万元在原废水处理系统后新增了三级处理装置——浅层超效气浮处理装置，大大提高了出水质量。在生产过程中严格执行国家《制浆造纸工业水污染物排放标准》（GB 3544—2008），主要污染物的排放全部在限值之内，部分污染物排放控制指标已经达到自2011年7月1日起执行的制浆造纸企业水污染物排放限值，实现节能减排，营造绿色造纸，发展循环经济。

5. 以科技创新引领公司提升

龙丰公司10.8万t杨木化机浆装置是针对100%新鲜原木设计的，其生产条件非常苛刻，其装置能够满足调整原料结构、降低生产负荷的要求。龙丰公司大胆突破外商设计要求，组织技术人员对原料结构的调整进行攻关，优化工艺，成功地利用100%杨木枝丫材代替杨木圆木组织生产，实现了使用低廉的枝丫材商品木片取代成本较高且紧缺的原木进行大规模工业化生产，不仅拓宽了原料范围，而且节省了大量的原料成本。龙丰公司凭着"领先半步"的理念，苦练内功，深挖潜力，针对影响生产和质量稳定的工艺、设备问题，不断加强设备运行和维护管理，强化生产过程控制，优化工艺操作，加强巡回检查，及时处理生产过程中的故障隐患，保持了系统良好的运行状态。一方面先后解决了孔洞、压溃、辊子振动等造成断纸的主要问题，优化了引纸程序，缩短了引纸时间，进一步稳定了造纸生产线的运行；另一方面通过加强产销衔接，优化排产计划，提高一线员工的技能，有效控制了非计划停机次数和时间。此外，还邀请专家协助解决了印刷发花等质量问题。

7.4.2 林—浆—纸广义绿色供应链共生模式的深化对策

1. 龙丰公司林—浆—纸广义绿色供应链发展的问题

龙丰公司林—浆—纸广义绿色供应链系统运行较好，已取得了一定的成绩，但同时也出现了一些新问题。

(1) 木浆对外依赖过大。龙丰公司采用100%的木浆原料，虽然随着原料林建设和与不同层级原料源的不同合作方式从一定程度上提高了木材纤维的自供能力，但是目前造纸所需的木浆原料70%以上来自进口，这么高的进口依赖必然会加大公司对成本控制的不确定性，从而增加风险。

(2) 农民育林积极性不高。濮阳地处黄河故道区，属于平原地区，由于林木回收期长，对农作物种植存在影响，因此，农民造林积极性不高。

(3) 树种单一。濮阳市自从杨树品种引进后，作为主栽树种，已形成规模。杨树虽然是我国乃至全球重要的工业原料林树种，但实践证明，杨树并不适合濮阳的所有地区，树种结构单一、纯林比重过大是目前龙丰公司原料林建设中存在的主要问题。因此，如何选择树种、如何混交、如何防治病虫害等将成为龙丰公司林—浆—纸广义绿色供应链系统建设中的重要内容。

(4) 共生单元协调度不高。林—浆—纸广义绿色供应链共生系统中的木材加工企业与龙丰公司争夺资源，尤其是板材加工企业在生产中密度板时与龙丰公司造纸原料竞争最大，主要是争夺1~10 cm的树根、树皮。由于农民的散户经营方式，在市场价格刺激下，刺激农民大量种树；但当木材价格下降时，农民积极性下降，种植粮食时砍树种粮，最后影响了龙丰公司的原料供应，使得共生不连续。

(5) 市场风险。纸产品的国际市场与国内市场严峻，龙丰公司在内外环境都较差的情况下进入市场，对于公司抵抗市场风险的能力将是较大的挑战。

2. 龙丰公司林—浆—纸广义绿色供应链的展望

(1) 加快原料林基地建设，提高木纤维比重。对选种、育种的研究培育应适合濮阳市的树种，提升木浆质量和产量，提高木浆的自给率。充分利用国内、国外两种资源，鼓励进口原木、木片、木浆，鼓励国内企业到境外进行森林资源建设，实现供应链共生系统可持续发展。

(2) 建立林业研究中心，建立杨树基因库。寻找适合濮阳市不同的气候、土壤的杨树品种，建立杨树基因库，是龙丰公司林—浆—纸广义绿色供应链的保障。杨树107、108是目前濮阳市种植的主要树种，但濮阳市黄河流域和淮河流域的性质不一样，气候和年降雨量也是不同的，因此杨树树种的区域适应性需要通过试验。对农民而言，纯林经营综合经济效益不高，林地林粮间作，夏粮种植小麦，秋粮种植玉米、花生，不仅可以提高经济效益，而且保证了龙丰公司原料的稳定性。

（3）提高林农的积极性。林改后，农民种植造林、育林、护林的积极性大幅提高，是龙丰公司林—浆—纸广义绿色供应链共生系统健康运行的重要保障。龙丰公司林—浆—纸广义绿色供应链二期工程符合国家产业政策、投资方向以及全国速生林建设规划和全国造纸工业发展规划，工程技术方案和建设规模可行，项目建成后，将产生良好的经济效益和社会效益，有利于提升企业核心竞争力，将是龙丰公司林—浆—纸广义绿色供应链共生系统运行的重要基础。

（4）延长产业链。龙丰公司应打造独具特色的产业链，各产业都围绕着造纸，但各产业又充分发挥辐射效益，各自不断地做强做大。大产业链里包含小产业链，大循环经济里包含小循环经济，使现有和潜在的资源相互配合与协调，达到很好的协同效益，从而以最低的成本、最高的效率，使各种经济要素得以优化配置，实现利润的最大化，增强企业持续发展和抵御市场风险的能力，提升企业的核心竞争力。

（5）开发新市场。在现有的国内外市场的基础上，龙丰公司应顺应"一带一路"的发展，积极开发新兴市场，有效化解原料的瓶颈，降低成本，消化过剩产能。

7.5　本章小结

本书设计的林—浆—纸广义绿色供应链最优共生模式是否合理，能否实现，需要实践证明。河南省龙丰公司是国家发改委批准建设的林纸一体化项目，其林—浆—纸广义绿色供应链发展中存在原料来源不够稳定，营林基地规划建设、节点企业的积极性不高以及产业链短等问题。针对这些问题，本章从经济可持续发展、生态可持续发展、社会可持续发展和林基地可持续发展等方面提出龙丰公司林—浆—纸广义绿色供应链的发展战略。对龙丰公司林—浆—纸广义绿色供应链共生模式的共生效益、资源效益和价值效益进行评价，认为多元两高型共生模式更适合龙丰公司。本章详细设计和分析了龙丰公司林—浆—纸广义绿色供应链共生模式的网络结构和多层次循环结构，提出龙丰公司林—浆—纸广义绿色供应链共生模式的实施路径包括延长产业链、集约化经营林地、以循环经济理念指导生产等。

8 结 语

8.1 研究结论

（1）基于对"林—浆—纸绿色供应链的实际发展现状及其目前存在的问题"的研究，可以得出：目前林—浆—纸绿色供应链的主要表现形式为林纸一体化模式且林纸一体化模式的推进步伐正不断加快；原料结构改善较大；纸产品种类趋于多样化；原料及纸产品进出口持续扩大；废弃物利用率逐步提高等现状。但是仍然存在以下问题：木浆进口依存度较高；供应链的横向广度不够；供应链的纵向深度不够；供应链上的节点企业间的信任关系不够稳定；供应链上的节点企业管理运作效率仍未达到最优；仍然存在排放污染物破坏环境的现象；组织运行机制不畅；社会就业带动薄弱等。

（2）基于对"林—浆—纸广义绿色供应链内涵及与一般绿色供应链特性比较"的研究，可以得出：林—浆—纸广义绿色供应链是林—浆—纸绿色供应链的延伸与拓展，也是供应链生态化与循环经济化的发展模式，与绿色供应链相比，具有周期更长，资源利用率、经济和生态效率更高，以及资源依赖性进一步降低等特性，具有一定意义上的超循环经济特性。

（3）基于对"林—浆—纸广义绿色供应链系统的共生单元、共生要素和共生环境以及构建的林—浆—纸广义绿色供应链共生系统结构和运行机制"的研究，可以得出：林—浆—纸广义绿色供应链系统的共生单元包括制浆造纸企业、流通企业、营林企业、绿色化工企业、能源企业、机械装备制造企业等多元化主体要素。在核心制浆造纸企业中，其原料来源于紧密层、协作层、松散层及协同层等多级结构，原料来源具有多元化特性。

（4）基于对"林—浆—纸广义绿色供应链基本共生模式构建"的研究，可以得出：在林—浆—纸广义绿色供应链基本共生模式构建的六个核心维度，即利益关系维度、交易频率维度、组织机制维度、共生媒介维度、空间布局维度和产权关系维度中，最核心的维度是利益关系维度和共生媒介维度，并且依据这两个核心维度构建了林—浆—纸广义绿色供应链四种基本共生模式：利益偏废型共生模式、多元两高型共生模式、单一双低型共生模式、媒介偏废型共生模式，每种共生模式具有各自的优势。

（5）基于对"林—浆—纸广义绿色供应链基本共生模式的效益评价"的研究，可以得出：多元两高型共生模式效益得分最高，媒介偏废型共生模式效益次之，利益偏废型共生模式效益第三，单一双低型共生模式效益得分最低，表明在这四种林—浆—纸广义绿色供应链基本共生模式中，以"互利共生"为主要特征的多元两高型共生模式将是一种较为理想的目标取向，即林—浆—纸广义绿色供应链最优共生模式是多元两高型共生模式。此外，除各项效益都明显较低的单一双低型共生模式之外，其他三种基本共生模式都各有其特色之处。

（6）基于对"最优共生模式系统结构及其 Multi-Agent 运行机制"的研究，可以得出：林—浆—纸广义绿色供应链整体上不仅具有 MAS 结构模式，而且分别在核心层、紧密层、协作层、松散层以及协同层等方面均具有 MAS 结构模式。

（7）基于对"河南濮阳龙丰公司林—浆—纸广义绿色供应链模式的实际应用"的研究，可以得出：河南濮阳龙丰公司林—浆—纸一体化管理运作完全适合林—浆—纸广义绿色供应链运作模式，再一次以实际案例验证了本书提出的林—浆—纸广义绿色供应链管理模式的优势与特性，为其他地区林—浆—纸广义绿色供应链管理模式的拓展应用奠定了一定的基础。

8.2　创新点

（1）提出了"广义绿色供应链"概念和思想，并将其应用于林—浆—纸绿色供应链中进行研究。目前，对于绿色供应链发展中的现存难题，仅仅依靠绿色供应链理论难以完美解决，亟须拓宽思路。本书提出了广义绿色供应链思想，并将其应用于林—浆—纸绿色供应链中进行研究，后续以龙丰公司作为案例，并对其进行应用研究，最后通过提出的诸项方案解决了目前绿色供应链发展中难以解决的问题。

（2）构建了林—浆—纸广义绿色供应链的多层原料来源系统结构。在供应链管理中，原料至关重要，得原料者得天下。已有研究虽然也分析了林—浆—纸绿色供应链的原料来源问题，但并未过多地关注原料的多元化来源问题，而仅仅就某单向来源进行研究。本书在已有单向原料来源研究的基础上进行拓展，深入研究了林—浆—纸广义绿色供应链的多层原料来源问题，据此构建了林—浆—纸广义绿色供应链的多层原料来源系统结构，并就其运行机制进行了分析。

（3）筛选并详细设计了林—浆—纸广义绿色供应链最优共生模式。经文献回顾，已有研究虽然也对林—浆—纸绿色供应链共生模式有所涉及，但就如何筛选和如何设计最优共生模式并未过多关注。本书在四种基本共生模式的基础上，通过选取评价指标、搜集数据等，运用模糊综合评价法对四种基本共生模式进行效益评价，根据效益评价结果不仅筛选出了林—浆—纸广义绿色供应链最优共生模式，还在此基础上详细设计出了林—浆—纸广义绿色供应链的最优共生模式结构，并就其 Multi-Agent 运行机制进行了研究等。

8.3 进一步研究展望

（1）林—浆—纸广义绿色供应链横向共生问题有待进一步深入研究。林—浆—纸广义绿色供应链的共生问题是一个交叉、较新的研究领域，本书主要着眼于林—浆—纸广义绿色供应链纵向共生问题的研究，横向共生问题有待进一步深入研究。

（2）林—浆—纸广义绿色供应链共生模式在不同区域或省域的差异有待进一步研究。林—浆—纸广义绿色供应链的研究是一项长期的系统工程，会受到地区差异、森林资源培育的路径和发展状况的影响，本书提出的共生模式需要在不同地区的林—浆—纸广义绿色供应链的应用中予以逐步修正。

（3）继续使用其他评价方法对林—浆—纸广义绿色供应链共生模式的

效益进行评价，并将评价结果与本书评价结果进行对比有待进一步研究。不同的评价方法对于效益评价结果有差异，本书只使用模糊综合评价法而并未使用其他方法对林—浆—纸广义绿色供应链共生模式的效益进行评价，在后续研究中，拟综合运用多种方法对其进行评价，并将评价结果进行对比以突出哪种评价方法最优等。

针对上述不足之处，拟从以下几方面拓展研究：

(1) 转换研究视角，进一步从横向角度对林—浆—纸广义绿色供应链共生模式、共生模式的效益评价、最优模式的选取等进行探讨。

(2) 综合应用多种评价方法重新对本书林—浆—纸广义绿色供应链的四种基本共生模式进行效益评价，并将效益评价结果进行比较分析，选择评价结果比较好的，进而确定其最优共生模式。

(3) 进一步分别以中国整体角度、分省域角度、分林区角度等对林—浆—纸广义绿色供应链共生模式、共生模式的效益评价、最优模式的选取等进行探讨，并进行比较研究等。

参考文献

Albu A, 2016. Industrial symbiosis: An innovative tool for promoting green growth [M] //World Sustainability Series. Cham: Springer International Publishing: 1 - 29.

Alimardani M, Zolfani S H, Aghdaie M H, et al, 2013. A novel hybrid swara and vikor methodology for supplier selection in an agile environment [J]. Technological and Economic Development of Economy, 19 (3): 533 - 548.

Ameri F, McArthur C, 2013. A multi - agent system for autonomous supply chain configuration [J]. The International Journal of Advanced Manufacturing Technology, 66 (5): 1097 - 1112.

Avci M G, Selim H, 2016. A multi-agent system model for supply chains with lateral preventive transshipments: Application in a multi - national automotive supply chain [J]. Computers in Industry, 82: 28 - 39.

Beaudoin D, LeBel L, Frayret J M, 2007. Tactical supply chain planning in the forest products industry through optimization and scenario - based analysis [J]. Canadian Journal of Forest Research, 37 (1): 128 - 140.

Bhattacharya A, Dey P K, Ho W, 2015. Green manufacturing supply chain design and operations decision support [J]. International Journal of Production Research, 53 (21): 6339 - 6343.

Büyüközkan G, Çifçi G, 2012. A novel hybrid MCDM approach based on fuzzy DEMATEL, fuzzy ANP and fuzzy TOPSIS to evaluate green suppliers [J]. Expert Systems with Applications, 39 (3): 3000 - 3011.

Carlsson D, D'Amours S, Martel A, et al, 2009. Supply chain planning models in the pulp and paper industry [J]. INFOR: Information Systems and Operational Research, 47 (3): 167–183.

Chan H K, Chiou T Y, Lettice F, 2012. Research framework for analyzing the relationship between greening of suppliers and green innovation on firms' performance [J]. International Journal of Applied Logistics, 3 (3): 22–36.

Chan R Y K, He H W, Chan H K, et al, 2012. Environmental orientation and corporate performance: The mediation mechanism of green supply chain management and moderating effect of competitive intensity [J]. Industrial Marketing Management, 41 (4): 621–630.

Chaudhary T, Chhabra D, 2015. Performance improvement in Indian manufacturing industries after implementing green supply chain management [J]. Global Journal of Enterprise Information System, 7 (2): 3–10.

Chertow M R, 2000. Industrial Symbiosis: Literature and taxonomy [J]. Annual Review of Energy and the Environment, 25: 313–337.

Choi S B, Min H, Joo H Y, et al, 2017. Assessing the impact of green supply chain practices on firm performance in the Korean manufacturing industry [J]. International Journal of Logistics Research and Applications, 20 (2): 129–145.

Dai J, Cantor D E, Montabon F L, 2015. How environmental management competitive pressure affects a focal firm's environmental innovation activities: A green supply chain perspective [J]. Journal of Business Logistics, 36 (3): 242–259.

Daniel V, Guide R Jr, Jayaraman V, 2000. Product acquisition management: Current industry practice and a proposed framework [J]. International Journal of Production Research, 38 (16): 3779–3800.

De Giovanni P, EspositoVinzi V, 2012. Covariance versus component-based estimations of performance in green supply chain management [J]. International Journal of Production Economics, 135 (2): 907–916.

DeFelice F, Petrillo A, Cooper O, 2013. An integrated conceptual model to promote green policies [J]. International Journal of Innovation and Sustainable Development, 7 (4): 333.

Dou Y J, Zhu Q H, Sarkis J, 2014. Evaluating green supplier development programs with a grey-analytical network process-based methodology [J]. European Journal of Operational Research, 233 (2): 420-431.

Dumoulin F, Wassenaar T, Avadí A, et al, 2017. A framework for accurately informing facilitated regional industrial symbioses on environmental consequences [J]. Journal of Industrial Ecology, 21 (5): 1049-1067.

Gallab M, Bouloiz H, Garbolino E, et al, 2017. Risk analysis of maintenance activities in a LPG supply chain with a Multi-Agent approach [J]. Journal of Loss Prevention in the Process Industries, 47: 41-56.

Geng R Q, Mansouri S A, Aktas E, 2017. The relationship between green supply chain management and performance: A meta-analysis of empirical evidences in Asian emerging economies [J]. International Journal of Production Economics, 183: 245-258.

Golghate C D, Pawar M S, 2012. Green supply chain for plastic films: A framework for the coexistence of ecosystems and plastic industry for a better environment [J]. International Journal of Sustainable Engineering, 5 (1): 17-32.

Gonela V, Zhang J, Osmani A, 2015. Stochastic optimization of sustainable industrial symbiosis based hybrid generation bioethanol supply chains [J]. Computers & Industrial Engineering, 87: 40-65.

Green K W Jr, Zelbst P J, Bhadauria V S, et al, 2012. Do environmental collaboration and monitoring enhance organizational performance? [J]. Industrial Management & Data Systems, 112 (2): 186-205.

Green K W Jr, Zelbst P J, Meacham J, et al, 2012a. Green supply chain management practices: Impact on performance [J]. Supply Chain Management: An International Journal, 17 (3): 290-305.

Green K W Jr, Zelbst P J, Meacham J, et al, 2012b. Green supply chain management practices: Impact on performance [J]. Supply Chain Management: An International Journal, 17 (3): 290-305.

Guang Shi V, Lenny Koh S C, Baldwin J, et al, 2012. Natural resource based green supply chain management [J]. Supply Chain

Management: An International Journal, 17 (1): 54 - 67.

Gunasekaran A, Subramanian N, Rahman S, 2015. Green supply chain collaboration and incentives: Current trends and future directions [J]. Transportation Research Part E: Logistics and Transportation Review, 74: 1 - 10.

Hernández C T, Marins F A S, Durán J A R, 2016. Selection of Reverse Logistics activities using an ANP-BOCR model [J]. IEEE Latin America Transactions, 14 (8): 3886 - 3891.

Hogenboom A, Ketter W, van Dalen J, et al, 2015. Adaptive tactical pricing in multi-agent supply chain markets using economic regimes [J]. Decision Sciences, 46 (4): 791 - 818.

Holt D, Ghobadian A, 2009. An empirical study of green supply chain management practices amongst UK manufacturers [J]. Journal of Manufacturing Technology Management, 20 (7): 933 - 956.

Jabbour A B, Jabbour C, Govindan K, et al, 2014. Mixed methodology to analyze the relationship between maturity of environmental management and the adoption of green supply chain management in Brazil [J]. Resources, Conservation and Recycling, 92: 255 - 267.

Jiao J, You X, Kumar A, 2006. An agent-based framework for collaborative negotiation in the global manufacturing supply chain network [J]. Robotics and Computer-Integrated Manufacturing, 22 (3): 239 - 255.

Jones P, Comfort D, 2017. The forest, paper and packaging industry and sustainability [J]. International Journal of Sales, Retailing and Marketing, 6 (1): 321.

Khan S A R, Dong Q L, 2017. Impact of green supply chain management practices on firms' performance: An empirical study from the perspective of Pakistan [J]. Environmental Science and Pollution Research, 24 (20): 16829 - 16844.

Klassen R D, Angell L C, 1998. An international comparison of environmental management in operations: The impact of manufacturing flexibility in the U. S. and Germany [J]. Journal of Operations Management,

16 (2/3): 177-194.

Korhonen J, Niutanen V, 2003. Material and energy flows of a local forest industry system in Finland [J]. Sustainable Development, 11 (3): 121-132.

Kuo T C, Hsu C W, Huang S H, et al, 2014. Data sharing: A collaborative model for a green textile/clothing supply chain [J]. International Journal of Computer Integrated Manufacturing, 27 (3): 266-280.

Kusi-Sarpong S, Sarkis J, Wang X P, 2016. Assessing green supply chain practices in the Ghanaian mining industry: A framework and evaluation [J]. International Journal of Production Economics, 181: 325-341.

Laosirihongthong T, Adebanjo D, Choon Tan K, 2013. Green supply chain management practices and performance [J]. Industrial Management & Data Systems, 113 (8): 1088-1109.

Lee J H, Kim C O, 2008. Multi-agent systems applications in manufacturing systems and supply chain management: A review paper [J]. International Journal of Production Research, 46 (1): 233-265.

Leigh M, Li X H, 2015. Industrial ecology, industrial symbiosis and supply chain environmental sustainability: A case study of a large UK distributor [J]. Journal of Cleaner Production, 106: 632-643.

Lin R J, 2013. Using fuzzy DEMATEL to evaluate the green supply chain management practices [J]. Journal of Cleaner Production, 40: 32-39.

Liou J J H, Tamošaitienė J, Zavadskas E K, et al, 2016. New hybrid COPRAS-G MADM Model for improving and selecting suppliers in green supply chain management [J]. International Journal of Production Research, 54 (1): 114-134.

Luthra S, Garg D, Haleem A, 2016. The impacts of critical success factors for implementing green supply chain management towards sustainability: An empirical investigation of Indian automobile industry [J]. Journal of Cleaner Production, 121: 142-158.

Malviya R K, Kant R, 2015. Green supply chain management

(GSCM): A structured literature review and research implications [J]. Benchmarking: An International Journal, 22 (7): 1360-1394.

Mandic K, Delibasic B, 2012a. Application of multi-agent systems in supply chain management [J]. Management-Journal for Theory and Practice of Management, 17 (63): 75-84.

Mandic K, Delibasic B, 2012b. Application of multi-agent systems in supply chain management [J]. Management-Journal for Theory and Practice of Management, 17 (63): 75-84.

Mattila T J, Pakarinen S, Sokka L, 2010. Quantifying the total environmental impacts of an industrial symbiosis—a comparison of process, hybrid and input-output life cycle assessment [J]. Environmental Science & Technology, 44 (11): 4309-4314.

Mcintyre K, Smith H A, Henham A, et al, 1998. Logistics performance measurement and greening supply chains: Diverging mindsets [J]. The International Journal of Logistics Management, 9 (1): 57-68.

Medini K, Rabénasolo B, 2014. Analysis of the performance of supply chains configurations using multi-agent systems [J]. International Journal of Logistics Research and Applications, 17 (6): 441-458.

Mentzer J T, DeWitt W, Keebler J S, et al, 2001. Defining supply chain management [J]. Journal of Business Logistics, 22 (2): 1-25.

Mesfun S, Toffolo A, 2015. Integrating the processes of a Kraft pulp and paper mill and its supply chain [J]. Energy Conversion and Management, 103: 300-310.

Min H, Kim I, 2012. Green supply chain research: Past, present, and future [J]. Logistics Research, 4 (1): 39-47.

Mirhedayatian S M, Azadi M, Farzipoor Saen R, 2014. A novel network data envelopment analysis model for evaluating green supply chain management [J]. International Journal of Production Economics, 147: 544-554.

Miroshnychenko I, Barontini R, Testa F, 2017. Green practices and financial performance: A global outlook [J]. Journal of Cleaner Production, 147: 340-351.

Mirzapour Al-e-hashem S M J, Rekik Y, 2014. Multi-product multi-period Inventory Routing Problem with a transshipment option: A green approach [J]. International Journal of Production Economics, 157: 80 - 88.

Mitra S, Datta P P, 2014. Adoption of green supply chain management practices and their impact on performance: An exploratory study of Indian manufacturing firms [J]. International Journal of Production Research, 52 (7): 2085 - 2107.

Monostori L, Váncza J, Kumara S R T, 2006. Agent-based systems for manufacturing [J]. CIRP Annals, 55 (2): 697 - 720.

Newton I L G, 2017. Getting at the "what" and the "how" in symbiosis [J]. Environmental Microbiology Reports, 9 (1): 11 - 13.

Peter B, Niquidet K, 2016. Estimates of residual fibre supply and the impacts of new bioenergy capacity from a forest sector transportation model of the Canadian Prairie Provinces [J]. Forest Policy and Economics, 69: 62 - 72.

Rao P, 2002. Greening the supply chain: A new initiative in South East Asia [J]. International Journal of Operations & Production Management, 22 (6): 632 - 655.

Rao P, Holt D, 2005. Do green supply chains lead to competitiveness and economic performance? [J]. International Journal of Operations & Production Management, 25 (9): 898 - 916.

Ruiz Puente M C, Arozamena E R, Evans S, 2015. Industrial symbiosis opportunities for small and medium sized enterprises: Preliminary study in the Besaya region (Cantabria, Northern Spain) [J]. Journal of Cleaner Production, 87: 357 - 374.

Sarkis J, 2003. A strategic decision framework for green supply chain management [J]. Journal of Cleaner Production, 11 (4): 397 - 409.

Seuring S, 2013. A review of modeling approaches for sustainable supply chain management [J]. Decision Support Systems, 54 (4): 1513 - 1520.

Shafique M, Asghar M, Rahman H, 2017. The impact of green

supply chain management practices on performance: Moderating role of institutional pressure with mediating effect of green innovation [J]. Business, Management and Education, 15 (1): 91-108.

Shahi S, Pulkki R, Leitch M, et al, 2017. Optimal production-inventory model for forest products industry supply chain under demand and supply uncertainty: Case study of a pulp mill in Ontario [J]. Cogent Business & Management, 4 (1): 1370765.

Shibao F Y, De Oliveira Neto G C, Da Silva F C, et al, 2017. Corporate profile, performance and green supply chain management: A research agenda [J]. RAM Revista De Administração Mackenzie, 18 (3): 117-146.

Shukla N, Kiridena S, 2016. A fuzzy rough sets-based multi-agent analytics framework for dynamic supply chain configuration [J]. International Journal of Production Research, 54 (23): 6984-6996.

Singh R K, Murty H R, Gupta S K, et al, 2008. Integrated environment management in steel industries [J]. International Journal of Management and Decision Making, 9 (2): 103.

Sivaprakasam R, Selladurai V, Sasikumar P, 2015. Implementation of interpretive structural modelling methodology as a strategic decision making tool in a Green Supply Chain Context [J]. Annals of Operations Research, 233 (1): 423-448.

Soda S, Sachdeva A, Garg R K, 2016. Literature review of multi-aspect research works carried out on the concept and implementation of GSCM [J]. International Journal of Industrial and Systems Engineering, 23 (2): 223.

Sun J, Sabbaghi N, Ashton W, 2017. Green supply chain formation through by-product synergies [J]. IEEE Transactions on Engineering Management, 64 (1): 70-82.

Tachizawa E M, Gimenez C, Sierra V, 2015. Green supply chain management approaches: Drivers and performance implications [J]. International Journal of Operations & Production Management: 1546-1566.

Tian Y H, Govindan K, Zhu Q H, 2014. A system dynamics model based on evolutionary game theory for green supply chain management diffusion among Chinese manufacturers [J]. Journal of Cleaner Production, 80: 96-105.

Tseng M L, Bui T D, 2017. Identifying eco-innovation in industrial symbiosis under linguistic preferences: A novel hierarchical approach [J]. Journal of Cleaner Production, 140: 1376-1389.

Tseng M L, Bui T D, 2017. Identifying eco-innovation in industrial symbiosis under linguistic preferences: A novel hierarchical approach [J]. Journal of Cleaner Production, 140: 1376-1389.

Walton S V, Handfield R B, Melnyk S A, 1998. The green supply chain: Integrating suppliers into environmental management processes [J]. International Journal of Purchasing and Materials Management, 34 (1): 2-11.

Walton S, Handfield R, Melnyk S, 2006. The green supply chain: Integrating suppliers into environmental management processes [J]. Journal of Supply Chain Management, 34 (2): 2-11.

Wang F, Lai X F, Shi N, 2011. A multi-objective optimization for green supply chain network design [J]. Decision Support Systems, 51 (2): 262-269.

Wong T N, Fang F, 2010. A multi-agent protocol for multilateral negotiations in supply chain management [J]. International Journal of Production Research, 48 (1): 271-299.

Wu G C, 2013. The influence of green supply chain integration and environmental uncertainty on green innovation in Taiwan's IT industry [J]. Supply Chain Management: An International Journal, 18 (5): 539-552.

Yap N T, Devlin J F, 2017. Explaining industrial symbiosis emergence, development, and disruption: A multilevel analytical framework [J]. Journal of Industrial Ecology, 21 (1): 6-15.

Yu W T, Ramanathan R, 2015. An empirical examination of stakeholder pressures, green operations practices and environmental performance [J].

International Journal of Production Research, 53 (21): 6390 – 6407.

Zhang Y, Zheng H M, Chen B, et al, 2015. A review of industrial symbiosis research: Theory and methodology [J]. Frontiers of Earth Science, 9 (1): 91 – 104.

Zhao R, Neighbour G, Han J J, et al, 2012. Using game theory to describe strategy selection for environmental risk and carbon emissions reduction in the green supply chain [J]. Journal of Loss Prevention in the Process Industries, 25 (6): 927 – 936.

Zhu Q H, Feng Y T, Choi S B, 2017. The role of customer relational governance in environmental and economic performance improvement through green supply chain management [J]. Journal of Cleaner Production, 155: 46 – 53.

Zhu Q H, Geng Y, Fujita T, et al, 2010. Green supply chain management in leading manufacturers [J]. Management Research Review, 33 (4): 380 – 392.

Zhu Q H, Qu Y, Geng Y, et al, 2017. A comparison of regulatory awareness and green supply chain management practices among Chinese and Japanese manufacturers [J]. Business Strategy and the Environment, 26 (1): 18 – 30.

Zhu Q H, Sarkis J, Lai K H, 2012. Examining the effects of green supply chain management practices and their mediations on performance improvements [J]. International Journal of Production Research, 50 (5): 1377 – 1394.

Zhuo H, Wei S, 2016. Gaming of green supply chain members under government subsidies—Based on the perspective of demand uncertainty [M] //Advances in Intelligent Systems and Computing. Singapore: Springer Singapore: 1105 – 1116.

Zolfpour-Arokhlo M, Selamat A, Hashim S Z M, 2013. Route planning model of multi-agent system for a supply chain management [J]. Expert Systems with Applications, 40 (5): 1505 – 1518.

艾丹，2013. 基于 Multi-Agent 的生鲜农产品供应链协商系统研究 [D]. 昆明：云南财经大学.

白世贞，朱晓燕，2008. 供应链企业间委托代理及激励监督问题研究 [J]. 商业研究（2）：47-50.

蔡长林，1992. 系统的可达矩阵与结构模型 [J]. 系统工程学报，7 (1)：145-152.

曹海英，温孝卿，2012. 零售企业绿色供应链动力系统的机理及构建途径 [J]. 山东社会科学（5）：110-112.

陈琳，杨加猛，张智光，2006. 江苏省森林资源—环境—经济复合系统的结构模型 [J]. 南京林业大学学报（自然科学版），30（3）：101-104.

陈启萍，2012. 基于多 Agent 系统的汽车供应链协商机制研究 [D]. 合肥：合肥工业大学.

陈翔，肖序，2015. 中国工业产业循环经济效率区域差异动态演化研究与影响因素分析：来自造纸及纸制品业的实证研究 [J]. 中国软科学（1）：160-171.

陈志松，2016. 政府激励政策下人造板绿色供应链谈判—协调机制研究 [J]. 中国管理科学，24（2）：115-124.

陈志祥，2005. 分布式多代理体系结构供应链协同技术研究 [J]. 计算机集成制造系统，11（2）：212-219.

成琼文，周璐，2016. 基于系统动力学的绿色供应链管理实践路径仿真 [J]. 科技管理研究，36（23）：226-231.

党小云，2013. 基于多 Agent 的协同供应链管理系统 [D]. 大连：大连海事大学.

杜栋，2005. 基于原始数据及其一次信息的多指标综合评价方法 [C] // 中国系统工程学会决策科学专业委员会第六届学术年会论文集. 北京：520-523.

樊雪梅，杨印生，郭鸿鹏，2013. 国外绿色供应链管理中的经验借鉴 [J]. 环境保护，41（14）：79-80.

范英，2013. 基于 MAS 的汽车供应链信息共享协同模式仿真研究 [D]. 哈尔滨：东北林业大学.

凤亚红，2012. 基于 Multi-Agent 的总承包工程项目供应链信息协同

机制研究 [J]. 科技管理研究, 32 (17): 146-148.

葛世伦, 聂冬芹, 2012. 基于 Multi-Agent 的第四方物流信息平台结构模型的研究 [J]. 计算机应用研究, 29 (2): 575-578.

顾磊, 曲林迟, 甘爱平, 等, 2014. 绿色供应链管理视角下港口绿色绩效及竞争力研究: 来自沿海港口的问卷数据 [J]. 科技管理研究, 34 (23): 227-232.

顾民达, 2009. 中国林浆纸一体化实施 30 年 [J]. 造纸信息 (12): 22-28.

郭承龙, 张智光, 2011. 基于成本视角的林业绿色供应链形成动力的探讨: 以林纸一体化为例 [J]. 软科学, 25 (7): 38-41.

郭承龙, 张智光, 杨加猛, 2016. 林业低碳产业链的共生系统动力解析 [J]. 南京林业大学学报 (自然科学版), 40 (6): 92-96.

国家林业局. 国家林业局关于印发《林业发展"十三五"规划》的通知 [EB/OL]. (2016-05-06) [2018-02-01]. http://www.forestry.gov.cn/main/3957/20160523/875431.html.

韩玉萍, 2016. 云环境下汽车制造供应链分布式多 Agent 仿真系统开发 [D]. 大连: 大连理工大学.

胡冬雯, 2017. 上海推行绿色供应链管理的意义及实践路径 [J]. 生态经济, 33 (2): 72-77.

胡冬雯, 王婧, 胡静, 等, 2017. "一带一路"背景下的绿色供应链管理机制 [J]. 环境保护, 45 (16): 19-24.

胡福进, 林秋娟, 林财源, 2015. 绿色供应链管理研究: 主题, 观念和关系 [J]. 企业管理学报 (110): 67-99.

胡潇雨, 2017. 国内造纸原料概述及其发展 [J]. 黑龙江造纸, 45 (2): 20-21.

胡晓丽, 杨虎, 2001. 加快发展造纸工业原料林基地的建设 [J]. 中华纸业, 22 (12): 65-67.

纪金雄, 陈秋华, 2009. 生态旅游利益相关者共生机制研究 [J]. 现代农业 (6): 109-112.

贾品, 李晓斌, 王金秀, 2008. 几种典型综合评价方法的比较 [J]. 中国医院统计, 15 (4): 351-353.

焦承尧, 2007. 煤机企业与煤炭企业的共生性关系研究 [J]. 煤炭经济研究，27（11）：35-38.

黎继子，2006. 集群式供应链管理［M］. 北京：中国经济出版社.

李丹，路世昌，赵球，等，2013a. 煤炭绿色供应链概念模型研究［J］. 科技管理研究，33（22）：210-214.

李丹，路世昌，赵球，等，2013b. 煤炭企业绿色供应链系统仿真模型构建研究［J］. 计算机仿真，30（6）：239-243.

李敏，庞婷，2016. 基于黑板机制的多agent供应链谈判框架［J］. 福建电脑，32（4）：102-103.

李思寰，唐德彪，2015. Multi-Agent供应链信息共享协调机制研究：以中兴供应链为例［J］. 重庆三峡学院学报，31（3）：63-67.

李文君，王海兵，2017. 基于绿色供应链管理的企业社会责任内部控制研究［J］. 会计之友（16）：97-102.

李翔，2013. 基于本体的多Agent电子商务供应链协商机制研究［D］. 合肥：合肥工业大学.

李晓英，2013. 餐饮业绿色供应链管理实践影响因素的Grey-DEMATEL分析［J］. 哈尔滨商业大学学报（社会科学版）（6）：114-121.

刘洪君，朱顺林，2010. 共生理论视角下产业集聚发展的机制与模式：以宁波软件产业为例［J］. 华东经济管理，24（9）：21-24.

刘聚涛，高俊峰，姜加虎，2010. 不同模糊评价方法在水环境质量评价中的应用比较［J］. 环境污染与防治，32（1）：20-25.

刘庆明，2014. 光叶楮林纸一体化运作模式研究［J］. 当代经济（3）：53-55.

刘小萌，许长新，张智光，2016. 基于水足迹评估的造纸企业林纸水一体化模式［J］. 现代企业（7）：24-25.

罗宏，2004. 生态工业园区：理论与实证［M］. 北京：化学工业出版社.

马丽娟，2012. 绿色供应链风险的模糊综合评价［J］. 中国流通经济，26（11）：53-57.

马婷，李军，王继荣，2014. 基于多Agent的供应链牛鞭效应建模与仿真［J］. 物流科技，37（10）：30-32.

牛倩倩，陆秋琴，2013. 基于Multi-Agent技术的供应链企业信任合作伙伴选择评估模型[J].物流技术,32(23):315-318.

庞婷,2014.基于多Agent供应链产销协同冲突消解自适应协商策略研究[D].北京:北京工业大学.

彭红军,王苗苗,2016.具有双向生态性的林浆纸供应链风险识别及防范对策研究[J].林业经济,38(10):33-37.

彭建仿,2010.供应链环境下龙头企业与农户共生关系优化研究:共生模式及演进机理视角[J].经济体制改革(3):93-98.

彭建仿,白志礼,2007.基于供应链管理的农户与企业共生路径选择[J].电子科技大学学报(社科版),9(2):15-18.

齐振宏,2008.生态工业园企业共生机理与运行模式研究[J].商业经济与管理(3):36-43.

齐振宏,王培成,2010.博弈互动机理下的低碳农业生态产业链共生耦合机制研究[J].中国科技论坛(11):136-141.

齐振宏,王培成,冉春艳,2009.基于循环经济的生态产业链共生耦合研究理论述评[J].生态经济(学术版)(10):185-188.

钱书法,李辉,2006.企业共生模式演进及其原因分析[J].经济管理,28(14):47-53.

阮连发,陈佳玲,2011.基于模糊VIKOR方法的绿色建筑供应商选择[J].统计与决策(21):62-65.

沈杰,王兵,2015.基于生态视角:制度规则与产业行为的关系:造纸企业实施林纸一体化产业政策的案例分析[J].中华纸业,36(15):62-64.

沈霞红,熊伟清,2014.基于Multi-Agent的供应链网络合作稳定性演化分析[C]//徐胜元,赵千川.第三十二届中国控制会议论文集:F卷.上海:上海系统科学出版社.

生艳梅,孙丹,周永占,等,2014.低碳视角下绿色供应链绩效评价指标体系构建[J].辽宁工程技术大学学报(社会科学版),16(1):25-27.

石黎,2012.基于结构熵权—灰关联的绿色供货商评价与选择研究[J].计算机应用研究,29(3):923-926.

孙楚绿,慕静,2017.食品行业绿色供应链管理的挑战与应对[J].经济与管理,31(5):63-66.

孙洪杰，廖成林，2006. 基于共生理论的供应链利益分配机制研究[J]. 科技进步与对策，23（5）：114-115.

唐作钧，2014. 林纸一体化原料林生产企业"围墙管理"模式研究[D]. 北京：中国林业科学研究院.

陶巧云，2016. 基于 Multi-AgentSystem 的供应链优化方法的研究[D]. 济南：齐鲁工业大学.

汪胡林，马金平，2013. 基于多 Agent 的 BTO 供应链的动态构建方法研究[J]. 物流工程与管理，35（6）：123-127.

汪应洛，1998. 系统工程理论方法与应用[M]. 北京：高等教育出版社.

王冬东，2014. 林纸一体化对造纸企业绩效影响研究[D]. 南京：南京林业大学.

王冬冬，达庆利，张钦，2004. 绿色供应链管理研究中的几个问题探讨[J]. 东南大学学报（哲学社会科学版），6（3）：27-31.

王海峰，朱红霞，2011. 绿色供应链在造纸业中的应用研究[J]. 技术与市场，18（12）：165.

王虹，张智光，2013. 林浆纸供应链协同决策的三阶段期权博弈模型[J]. 南京林业大学学报（自然科学版），37（5）：91-96.

王丽杰，郑艳丽，2014. 绿色供应链管理中对供应商激励机制的构建研究[J]. 管理世界（8）：184-185.

王能民，2015. 打造绿色供应链之绿色标准建设[J]. 物流技术与应用，20（8）：92-94.

王溪，2017. 基于 Multi-Agent 的个性化产品供应链多边协商机制研究[D]. 郑州：郑州大学.

王亚典，蔡荣芳，高颖，等，2017. 木结构建材流通链和生态链的共生关系[J]. 西北林学院学报，32（3）：238-244.

王忠伟，刘建银，2015. 基于绿色供应链管理的制造商与供应商战略合作伙伴关系研究[J]. 企业经济，34（1）：73-77.

武玉英，李豪，蒋国瑞，2015. 基于 RBF 神经网络和强化学习算法的供应链产销协同计划冲突消解研究[J]. 计算机应用研究，32（5）：1335-1338.

谢煜，张智光，2007. 林业生态与林业产业协调发展研究综述[J].

林业经济,29(3):66-69.

谢煜,张智光,2014.林业生态与产业体系共生协调机理与模式研究[J].林业经济,36(10):8-11.

熊伟清,魏平,2015.基于多Agent供应链网络企业竞合关系演化分析[J].系统科学与数学,35(7):779-787.

徐爱,胡祥培,高树风,2012.家电绿色供应链中政府、企业、消费者三方博弈分析[J].科技管理研究,32(23):236-240.

徐辉,2010.基于多Agent的供应链协调机制研究[D].哈尔滨:哈尔滨理工大学.

杨晨,魏晓慧,刘亚秋,2014.基于模糊评价法的林木可持续经营评估研究[J].安徽农业科学,42(9):2646-2648.

杨加猛,2008.林业产业链的演进、测度与拓展模型研究:以江苏林业产业链为例[D].南京:南京林业大学.

杨加猛,饶永志,蔡志坚,等,2014.江苏造纸业经济增长与环境污染关系的实证分析[J].华东经济管理,28(11):17-20.

杨加猛,万文娟,季小霞,等,2014.林纸低碳供应链的共生动力研究[J].林业经济问题,34(4):314-318.

杨加猛,张智光,2014.林纸一体化共生模式探讨[J].中国造纸,33(7):61-68.

杨加猛,张智光,徐必久,2008.江苏林浆纸一体化生态产业园构建设想与建议[J].中华纸业,29(13):18-21.

杨加猛,邹毅实,张智光,2007.林纸一体化模式的评价方法及应用研究[J].中国造纸,26(2):61-64.

杨学坤,2012.基于绿色供应链管理的山东半岛纺织业信息化路径分析[J].科技管理研究,32(3):170-173.

伊晟,薛求知,2016.绿色供应链管理与绿色创新:基于中国制造业企业的实证研究[J].科研管理,37(6):103-110.

尹小悦,王娟,陈昭玖,2016.基于模糊评价的绿色供应链管理可行性评估方案[J].湘潭大学自然科学学报,38(4):116-120.

俞峰,李荣钧,2012.熵权模糊层次分析法在林纸一体化项目环境影响评价中的应用[J].纸和造纸,31(4):43-45.

袁春林,2015.国外林纸一体化经营管理模式及其启示[J].世界农业（7）：70-74.

袁纯清，1998. 共生理论：兼论小型经济［M］. 北京：经济科学出版社.

袁纯清，1998a. 共生理论及其对小型经济的应用研究（上）［J］. 改革（2）：101-105.

袁纯清，1998b. 共生理论及其对小型经济的应用研究（下）［J］. 改革（3）：76-86.

张毕西，张明珠，韩正涛，2014. 基于模糊 TOPSIS 的绿色供应链绩效评价［J］. 天津工业大学学报，33（4）：76-79.

张浩，张智光，2010. 林业供应链管理研究评述［J］. 林业经济问题，30（5）：452-456.

张浩，张智光，2011. 林业合作组织与林农的博弈行为分析［J］. 林业经济问题，31（5）：392-396.

张红，李长洲，叶飞，2011. 供应链联盟互惠共生界面选择机制：基于共生理论的一个案例研究［J］. 软科学，25（11）：42-45.

张金华，2014. 绿色供应链管理运作框架及信息集成模式分析［J］. 情报科学，32（12）：105-108.

张琳，2012. 企业可持续发展前提下的绿色供应链管理探讨［J］. 物流技术，31（21）：375-376.

张松波，宋华，2012. 企业绿色采购制约因素内部机理研究［J］. 商业研究（2）：119-127.

张亚连，张卫枚，邓德胜，2012. 跨组织环境成本管理及方法选择：一种有效的绿色供应链管理模式［J］. 管理现代化（2）：18-20.

张轶，姚树俊，2015. 基于生态位理论的绿色供应链知识动态嵌入机制研究［J］. 科技管理研究，35（5）：152-156.

张轶堃，2016. 基于智能算法和 Multi-Agent 的电力供应链网络协同的研究［D］. 长春：吉林大学.

张英杰，李娜，2009. 我国造纸企业绿色供应链管理策略研究［J］. 河北企业（10）：28.

张智光，2008a. 我国林纸一体化建设的系统思考［J］. 江苏造纸（2）：16-19.

张智光，2008b. 多视角下的林纸一体化体系结构研究［J］. 中国造纸，27（1）：67-71.

张智光，2008c. 林业产业管理的新动态：林业绿色供应链［J］. 林业经济，30（12）：57-62.

张智光，2009. 林纸一体化绿色供应链系统的结构与特性分析［J］. 南京林业大学学报（人文社会科学版），9（4）：69-75.

张智光，2010. 绿色中国：理论、战略与应用［M］. 北京：中国环境出版社.

张智光，2011. 绿色供应链视角下的林纸一体化共生机制［J］. 林业科学，47（2）：111-117.

张智光，2012. 林纸循环经济系统的资源、生态和价值链拓展模型［J］. 中国人口·资源与环境，22（12）：46-53.

张智光，2014. 共生与个体理性模式下绿色供应链期望收益的理论分析［J］. 现代经济探讨（4）：18-22.

张智光，2017a. 绿色共生型林纸循环经济系统：资源、生态、价值链嵌套模型［J］. 江苏造纸（3）：2-10.

张智光，2017b. 面向生态文明的超循环经济：理论、模型与实例［J］. 生态学报，37（13）：4549-4561.

张智光，廖冰，2016. 中国造纸业国际贸易摩擦的 DSIR 机理研究［J］. 中国造纸，35（6）：48-55.

张智光，吴琳，2017. 我国造纸工业供给侧结构性改革机理研究［J］. 中国造纸学报，32（3）：43-51.

张智光，杨加猛，谢煜，等，2010. 中国林纸一体化进程：实施、研究与政策［J］. 中国造纸学报，25（3）：64-71.

张智光，姚惠芳，2012. 造纸工业循环经济的绿色共生特性和5R模式研究［J］. 东南大学学报（哲学社会科学版），14（4）：29-35.

郑季良，周旋，2017. 钢铁企业绿色供应链管理协同效应评价研究［J］. 科研管理，38（S1）：563-568.

中国造纸协会，2017a. 中国造纸工业2016年度报告［R］. 北京：中国造纸协会.

中国造纸协会，2017b. 中国造纸协会关于造纸工业"十三五"发展的意见［R］. 北京：中国造纸协会.

周柏翔，丁永波，凌丹，2007. 供应链联盟企业共生的内在动因与外部条件分析[J]．商业研究（5）：34-38．

周晓美，潘夏霖，2014．绿色供应链管理与企业运作绩效关系的实证统计研究[J]．物流技术，33（5）：395-397．

朱昌磊，2013．考虑风险的中小企业供应链管理[D]．合肥：中国科学技术大学．

朱庆华，窦一杰，2011．基于政府补贴分析的绿色供应链管理博弈模型[J]．管理科学学报，14（6）：86-95．

朱庆华，田一辉，2010．企业实施绿色供应链管理动力模型研究[J]．管理学报，7（5）：723-727．

朱玉强，2008．上下游生态企业共生关系的博弈分析[D]．武汉：华中农业大学．

朱玉强，齐振宏，方丽丽，2007．工业共生理论的研究述评[J]．工业技术经济（12）：91-94．

竺杏月，李旭红，2011．高新技术企业自主创新能力的评价和提升研究：基于江苏省2004—2008年数据[J]．科技管理研究，31（23）：60-64．

竺杏月，张智光，2009．我国纸产品出口贸易国际竞争力的实证研究[J]．江西农业学报，21（10）：160-163．

竺杏月，张智光，2010．林纸一体化视角的我国纸产品出口贸易国际竞争力研究[J]．中国造纸，29（3）：71-75．

附录　专家调查表

"林—浆—纸广义绿色供应链共生模式效益评价"专家调查表

尊敬的专家：

　　您好！首先非常感谢您在百忙之中抽出宝贵的时间参与此次的问卷调查，衷心感谢您对本研究的大力支持！

　　本次调查的目的是为了实现林—浆—纸广义绿色供应链的资源效益、价值效益和生态效益的最大化，为林—浆—纸广义绿色供应链确定最优的共生模式。通过研究，已初步筛选出四种基本共生模式，请依据您渊博的知识、丰富的经验填写四种基本共生模式调查表。

> **背景知识**：相比于一般供应链，林—浆—纸广义绿色供应链主要考虑了原料来源是多层级和多途径的，包括天然林、人工培育林（制浆造纸企业的自营林、林基地及林场）供应的原木，苗木企业、木材加工企业等产生的"三剩物"（采伐剩余物、造材剩余物和加工剩余物）、废纸、进口纸浆等，处于林—浆—纸广义绿色供应链核心层的制浆造纸企业与不同原料来源的关系呈现紧密程度不同的特点，可以分为紧密层、协作层、松散层和协同层。运用绿色共生理论研究林—浆—纸广义绿色供应链，依据共生体的参与程度和共生利益的分配机制将基本共生模式分为四种：单一双低型共生模式、利益偏废型共生模式、媒介偏废型共生模式、多元两高型共生模式。

　　本调查问卷分为两部分：第一部分是专家的个人信息；第二部分是按照给定的评价指标对四种基本共生模式的资源效益、价值效益和生态效益做出评价的调查表。本次问卷采用不记名的形式，不对外公开，只用于本项目研究，您的个人信息将被严格保密，绝不外泄，请您安心作答。您的参与对本项目的研究非常重要，请如实仔细填写。谢谢您的合作！

一、专家个人信息（请您在相应的□中打"√"）

1. 您的年龄

□30—39 岁　　　□40—49 岁　　　□50—59 岁

□60 岁及以上

2. 您的工作单位

□高校　　　　　□科学研究所　　　□政府部门

□企业　　　　　□其他_____

3. 您的学历

□大专及以下　　□大学本科　　　　□硕士研究生

□博士研究生

4. 您的职称（可多选）

□高级工程师　　□工程师　　　　　□助理工程师

□技术员　　　　□高级经济师　　　□经济师

□教授　　　　　□副教授　　　　　□讲师

5. 您属于（可多选）

□中国科学院院士　　　　　　　　　□中国工程院院士

□海外院士_____（国家）　　　□都不是

6. 您所在行业（可多选）

□营林业　　　　　　　　　　　　　□制浆

□造纸　　　　　　　　　　　　　　□木材加工

□生态保护和环境治理　　　　　　　□其他

7. 您对调查内容的熟悉程度

□很熟悉　　　　□熟悉　　　　　　□较熟悉

□一般了解　　　□不了解

8. 您对自己知名度的认知

□国际知名　　　□国内知名　　　　□省内知名

□市内知名　　　□一般学者

二、林—浆—纸广义绿色供应链共生模式效益评价

调查表的填写原则：

（1）依据您对林—浆—纸广义绿色供应链涉及的相关产业的了解，请对不同共生模式的得分在表格中填写数字 0~100。

（2）数值的具体含义如下：

表 1 数值区间的评定等级

数值区间	评定等级
0~59	极差
60~70	一般
71~80	中等
81~90	较好
91~100	极好

请您根据以上说明填写下表。

表 2 林—浆—纸广义绿色供应链共生模式效益评价调查表

目标层	准则层	统计指标	共生模式分值			
			单一双低型	利益偏废型	媒介偏废型	多元两高型
共生效益	资源效益	原料自给率				
		森林面积总量				
		森林蓄积总量				
		林地生产力				
		基地合作稳定性				
		经营风险防范度				
	价值效益	原料交易成本				
		共生单元的互利性				
		规模经济性				
		空间布局合理性				
		产品达标率				
		共生媒介的畅通性				
		供应链长度及闭合性				
	生态效益	纸浆林CO_2吸收量				
		资源消耗强度				
		资源循环利用率				
		控制污染水平				
		森林认证比例				

再次感谢您的合作与支持,麻烦您在收到问卷的一个月内填写完成并寄回,您的意见将帮助本研究顺利进行!

访问者:竺杏月,邮件回复请发送至:464691576@qq.com,谢谢!